유네스코 세계문화유산 등재 충남 인물기행
광덕산, 국운(國運)을 품다

유네스코 세계문화유산 등재 충남 인물기행
광덕산, 국운(國運)을 품다

월명 지음

도서출판 희망꽃

[월명 스님 총연출 호랑이 큰 그림]

프롤로그

명당의 수호신 호랑이 기운을 오롯이 받아들이는 지혜

하늘과 땅의 뜻을 헤아릴 수 있는 나이를 일컬어 지천명이라 한다. 하늘의 뜻 못지않게 땅의 뜻도 헤아려야 한다는 의미다.

그렇다면 땅의 뜻이란 대체 무엇일까? 흔히들 인간의 삶을 일컬어 흙에서 태어나 흙으로 돌아간다 하였다. 촉촉한 대지를 생명의 근원이라 여겼으니 땅의 뜻이란 상생이며 더불어 살아가는 것이다. 땀 흘린 농부에게만 수확의 기쁨을 안겨주니, 땅의 뜻은 최선을 다해 자신의 삶을 가꾸어나가는 것이다. 이를 실천한다면 뜻한 바를 이루지만, 반대의 경우라면 후회가 많은 삶을 살게 된다. 땅의 기운이 길흉화복으로 이어지기 때문이다. 예로부터 명당을 찾아 집터를 세우고 묏자리를 썼던 까닭이다.

실례로 한 평생 선비의 자세로 명예로운 삶을 살고자 했던 다산 정약용 선생은 강진 만덕산에 올라, 목민심서를 완성했다. 귀양살이 동안 욕심을 비워내고 백련사에서 18년 간 집필한 목민심서가 오늘날까지 존경받으며 참된 리더십을 일깨워주고 있으니, 강진 만덕산은 명예를 주는 명당자리다. 여수 금오산의 향일암은 원효대사가 머물던 곳이다. 이 또한 명예를 안겨주는 명당이라 부른다.

영광 불갑사는 인연을 만날 수 있는 명당이다. 상사화가 귀인을 끌어당겨주기 때문이다. 비록 이곳에서 생활하지 않는다 해도 불갑사에 앉아 상사화 향기를 맡으며 지극정성으로 기도드리면 필시 천생배필을 만날 수 있다. 인생을 변화시켜줄 조력자도 만날 수 있다.

고창 선운사의 도솔암은 부의 명당이다. 그곳에서 지극정성으로 기도드리면 사업성취의 꿈이 보다 가까워진다. 천년의 유구한 역사를 가진 신라는 남산을 품은 덕에 그 기운이 배가 되었다. 서울의 남산도 경주를 바라보는 한편 한강의 물줄기를 품은 방향, 이른바 강남으로 성공의 기운이 향한다. 강남을 지나 경기 하남으로까지 부가 상승하는 것이다.

그러나 명당자리보다 더 중요한 것은 마음가짐이다. 감사하는 법을 알고 세상에 순응하며 나누는 삶을 실천한다면 하늘과 땅의 기운을 오롯이 받을 수 있다.

명당이라 불리는 충주 제천에서 미륵사지의 정기를 받았던 궁예가 마진국을 세웠지만 얼마가지 않아 쇠락의 길을 걸었던 이유가 여기에 있다. 땅의 기운을 받아 나라를 세우는 데는 성공했지만 궁예의 마음 안에 드리워져 있던 어두운 그림자가 하늘과 땅의 기운을 상쇄시켰다. 산맥이 인맥으로 이어진다했거늘 덕이 없었던 궁예가 사람의 마음과 성공의 기운을 끌어당길 수 있었겠는가.

즉, 마음이 선하면 주위 사람들과 좋은 관계를 맺으며 살아간다. 만나는 사람

모두가 귀인이 되어주니 명예로운 인생, 풍요롭고 건강한 삶을 살게 되는 것이다.

마음 안에 행복이 가득하면 두 발이 머무는 곳 모두가 명당이다. 허나 인간의 힘으로 이룰 수 없는 더 큰 성공을 원한다면 하늘의 기운이 땅으로 흐르는 곳을 찾아야한다. 하늘과 땅의 기운이 화합하고 그 안에서 바람과 물이 드나드는 곳, 명당 말이다.

따라서 나는 오랜 세월 인간의 흥망성쇠를 관장해왔던 명당을 역사적 고찰과 풍수학을 토대로 찾았다. 특히 유네스코 세계문화유산에 등재된 산지승원 7곳을 중심으로 땅의 흐르는 기운을 살펴보았다.

통도사(경남 양산), 부석사(충남 보은과 경북 영주), 봉정사(경북 안동), 법주사(충북 보은), 마곡사(충남 공주), 선암사(전남 순천), 대흥사(전남 해남)이다.

산악이 국토의 70%를 차지하는 한국의 지리적 특성상을 살펴본다면 각 지역을 대표하는 산지승원이 유네스코에 등재되었다는 것은 우리나라 전역이 아름답고 가치 있다는 뜻이다.

아름다운 땅에서 좋은 기운까지 받을 수 있으니, 이 얼마나 행복한가.

작가 월명 드림

목차

프롤로그

chapter 1

명예와 치유의 땅 해남, 한반도의 시작이다 ── 17

싱그러운 생명과 따뜻함을 품은 땅, 명예의 기운이 흐른다 ── 23

서산대사의 애국심이 후세로 이어지다 ── 27

차를 마시며, 선을 깨달은 초의선사 ── 33

전사이고 싶었던 시인 김남주를 기억하며 ── 37

아름다운 산지승원 대흥사 ── 43

전설까지 아름답고 신비로운 미황사 ── 49

마음을 다스려 선을 깨닫다, 달마대사의 禪 ── 55

chapter 2

부의 기운이 흐르는 땅, 조계산 ── 61

깨달음을 얻을 때 비로소 거닐 수 있는 곳 ── 67

풍수지리의 대가 도선국사가 선택한 선암사 ── 73

길함과 흉함 또한 마음가짐에서 비롯된다 〰〰 79
소박해서 더 아름다운 송광사 〰〰 83
땅에 흐르는 치유의 힘, 어싱(Earting) 〰〰 89
명예로운 땅, 만덕산에서 완성된 목민심서 〰〰 95

chapter 3

태화산, 대한민국 경쟁력을 견인할 인물을 품다 〰〰 103
태화산, 돌아와 세상을 보니 모든 일이 꿈만 같다 〰〰 109
천만년 오래도록 절이 있을 터, 삼재가 들지 못하는 곳 마곡사 〰〰 115
깨달음이란 평생 동안 추구해야 할 善 〰〰 125
부처님께 기도하여 얻은 귀한 아들, 자장율사 〰〰 129

chapter 4

치유의 땅 속리산에서 감사와 상생을 배우다 〰〰 137
법주사와 미륵부처, 나라를 구하고 한반도의 평화를 염원하다 〰〰 147
조선의 임금들을 치유하다 〰〰 153
보은이 품은 시인 오장환 〰〰 159

chapter 5

영축산을 오르며, 명예로운 삶에 대해 생각하다 —— 171

부처님과 통하였다, 통도사 —— 177

하루하루의 기록이 역사가 된다 —— 183

정성을 다하면 뜻을 이룰 수 있다 —— 189

나라를 지키고 나라를 구하다 —— 195

아름답고 서정적인 동시로 조국의 광복을 기원하다 —— 201

명예의 명당에서 역사와 문화의 소중함을 깨닫다 —— 207

chapter 6

아름다운 전설로 아픔을 치유하고 명예와 부를 전하는 천등산 —— 213

건축박물관이라 불리는 봉정사 —— 219

민족의 슬픔을 치유했던 시인 이육사 —— 229

명당은 사람을 선택하여 들인다 —— 237

영험한 힘을 가진 하회탈 —— 243

chapter 7

충만한 사랑으로 상처를 치유하는 생명의 땅, 소백산 ⋙ 249
절제미로 자연과 인간이 하나임을 일깨워주는 부석사 ⋙ 257
아픔은 진실 된 인연으로 치유한다 ⋙ 263
서로가 서로에게 귀한 인연이 되는 법 ⋙ 269
세상에서 가장 아름다운 꽃살문을 품은 성혈사 ⋙ 275

chapter 8

천안·아산의 '광덕산'의 인물기행 ⋙ 283
홍성의 명산, '용봉산'의 인물기행 ⋙ 299
예산의 명산, '가야산'의 인물기행 ⋙ 315
공주의 명산, '계룡산'의 인물기행 ⋙ 331
금산의 명산, '서대산'의 인물기행 ⋙ 345

chapter 1

명예와 치유의 땅 해남, 한반도의 시작이다

싱그러운 생명과 따뜻함을 품은 땅, 명예의 기운이 흐른다

서산대사의 애국심이 후세로 이어지다

차를 마시며, 선을 깨달은 초의선사

전사이고 싶었던 시인 김남주를 기억하며

아름다운 산지승원 대흥사

전설까지 아름답고 신비로운 미황사

마음을 다스려 선을 깨닫다, 달마대사의 禪

chapter 1
명예와 치유의 땅 해남, 한반도의 시작이다

한반도의 가장 끝자락에 위치한 해남은 예로부터 땅끝마을이라 불렸다. 한반도의 최남단 끝자락에 위치해 있기 때문이다. 그래서일까. 발 길 닿는 곳마다 자연 그대로의 모습이 살아 숨 쉰다. 따사로운 햇살과 상쾌한 바람, 나무와 흙이 전해주는 향기에 취해있으면 신선이 따로 없다. 어디 그뿐인가. 함께 길을 걷는 이들의 소중함까지 깨닫게 된다. 마음 밭에서 행복이 자라, 살아있음에 감사하게 되는 것이다. 그러니 해남은 곳곳이 명당이라 해도 과언이 아니다.

자고로 명당이란 하늘과 땅과 바람이 통하는 곳이다. 자연의 모든 기운이 막힘없이 흐르고 있으니 그곳에 서 있는 것만으로도 마음이 편안해진다.

물론 풍수지리학적으로 깊숙이 들어가면 부의 기운이 흐르는 곳, 명예의 기운이 흐르는 곳, 건강의 기운이 흐르는 곳, 귀한 인연을 만날 수 있도록

도와주는 곳이 있다. 땅의 기운이 인간의 운명을 관장하는 것이다. 실제로 우리 조상들이 훌륭한 지관과 함께 조상의 묏자리를 찾아 전국 방방곡곡을 다녔던 까닭이다. 묏자리에 따라 그 집안의 흥망성쇠가 결정되었기 때문이다. 나 역시 풍수지리를 학문적으로 접근하여 오랫동안 공부를 해왔으니 명당과 흉당을 알고 땅의 기운이 한 집안 나아가 한 나라의 흥망성쇠로 이어진다는 것을 익히 알고 있다.

풍수지리를 공부하지 않았다 해도 우리네 인간은 그곳이 명당인지 흉당인지 어느 정도 헤아릴 수 있다. 괜스레 이유도 없이 모골이 송연하다면 흉당일 테고, 반대로 몸이 상쾌하고 기분이 맑아진다면 명당이다. 인간이라면 누구나 본능적으로 땅의 기운을 헤아릴 수 있다는 뜻이다. 마음이 편안한 곳이 곧 명당이라 말하는 까닭이다.

그런 의미에서 나는 땅끝마을이라 불리는 해남을 한반도의 시작이라 부르고 싶다. 땅끝이라는 단어는 넘치는 기운을 상쇄시키고 흐름을 차단시킨다.

반면에 한반도의 시작 해남이라 하면 응축되어 있던 에너지를 폭발시키는 힘이 생긴다. 불리는 이름에 의해서도 명당이 흉당이 될 수 있고, 흉당이 명당이 될 수 있는 것이다. 인간의 몸에 흐르는 기운처럼 땅의 기운도 끊임없이 흐르고 변화하기 때문이다.

그렇다고 하여 마구잡이로 땅의 이름을 바꿔 기운의 흐름을 변화시킬 수 있는 것은 아니다. 감춰져 있는 기운을 읽은 뒤에야 비로소 가능해진다.

무슨 뜻인고 하면, 해남은 서울에서 보았을 때 한반도의 끝자락에 해당한다. 그러나 한 나라의 시작은 수도를 중심으로 흩어져가는 것이 아니다.

이웃나라와 닿아있는 경계선에서부터 시작해야 한다. 한반도 최남단에 위치해 있는 해남이야말로 땅끝이 아닌 한반도의 시작인 것이다.

해남의 두륜산에 오르면, 이 말의 의미를 온몸으로 체감할 수 있다. 구태여 정상에 오르지 않아도 곳곳에서 맑은 정기가 용솟음치기 때문이다. 두륜산이 품고 있는 천년고찰 대흥사가 유네스코 세계문화유산에 등재되기까지 했으니, 두륜산을 넘어 해남의 기운이 상승하고 있다는 뜻이다. 유구한 역사와 민족의 얼이 깃든 문화유산이 전 세계인들에게 깊은 감동을 선사하고 있으니 말이다.

대흥사의 고즈넉한 풍경과 두륜산의 정기가 조화를 이룬 덕에 그곳에 가면 남녀노소 누구나 마음이 편안해진다. 국내를 넘어 그곳을 찾는 외국인들도 심신의 안정을 만끽한다고 하니, 명당이란 인종을 초월하는 모양이다. 그도 그럴 것이 땅과 인간이 만나 이루는 합이니, 국경이 무슨 의미가 있겠는가.

chapter 1

명예와 치유의 땅 해남, 한반도의 시작이다

싱그러운 생명과 따뜻함을 품은 땅, 명예의 기운이 흐른다

서산대사의 애국심이 후세로 이어지다

차를 마시며, 선을 깨달은 초의선사

전사이고 싶었던 시인 김남주를 기억하며

아름다운 산지승원 대흥사

전설까지 아름답고 신비로운 미황사

마음을 다스려 선을 깨닫다, 달마대사의 禪

chapter 1

싱그러운 생명과 따뜻함을 품은 땅, 명예의 기운이 흐른다

두륜산의 높이는 해발 703m로서 남서쪽의 대둔산과 자매봉을 이루는 명산이다. 중국의 군륜산맥 줄기가 백두산으로 이어져 한반도를 가로지르고 다시금 두 개의 봉우리가 되어 우뚝 솟아 두륜산이 되었다. 해남이 한반도의 끝이라면 하나의 줄기로 둘로 나뉜 것이지만, 한반도의 시작라면 두 개였던 것이 하나로 이어지는 것이라 해석할 수 있다. 지금은 비록 우리가 남과 북으로 나뉘어져있지만 뿌리와 정신은 하나로 이어져있다는 것을 은유하는 것이다.

바라보는 각도에 따라 해석은 이리도 달라진다. 한민족이 하나가 되길 염원하는 마음에서라도 나는 해남을 한반도의 시작이라 명명하고 싶은 게다.

두륜산에 오른 사람은 그 아름다움을 좀처럼 잊을 수가 없다. 정상에 오르면 완도와 진도를 비롯해 다도해의 작은 섬들을 한 눈에 바라볼 수 있다. 그 모습이 얼마나 아름다운지 볼 때마다 넋을 읽어버릴 정도다. 우두머리처럼 솟아 있는 가련봉과 두륜봉 그리고 그 밑으로 고계봉, 도솔봉, 혈망봉, 향로봉이 마주보며 둥그런 산새를 이루고 있다. 그 모습이 마치 둥그렇게 마주앉아 정겨운 이야기를 나누는 우리네 모습을 닮았다. 산봉우리뿐 아니라 골짜기도 아름답다.

온 몸으로 한반도의 시작이라 말하는 듯 봄이 가장 먼저 찾아오는 곳이 두륜산이기에 새해의 시작과 함께 골짜기마다 여린 생명들이 세상과 조우하기 위해 싹을 틔운다. 봄이 가장 먼저 찾아와 오랫동안 머문다 하여 장춘동(**長春洞**)이라 했으니 이곳에 머물면 세속의 번뇌로 잊을 수 있다고 하였다. 그래서 두륜산이 감싸고 있는 대흥사의 일주문, 천왕문, 불이문을 지나면서 마음을 씻어내면 정토의 세계에 도달할 수 있는 것이다.

사실 두륜산의 아름다운 정취를 보노라면 번뇌를 씻어내지 못하는 것이 더 이상하다. 봄의 두륜산은 싱그러운 생명을 머금고 있으니 보는 것만으로도 활력이 넘친다. 여름의 두륜산은 푸르른 숲이 장관을 이루고 있어, 크게 심호흡을 하는 것만으로도 건강해진다. 단풍이 곱게 물든 두륜산의 가을은 내 마음을 어둡게 만들던 번뇌가 얼마나 보잘 것 없었는지 깨닫게 해준다. 자연도 시간의 흐름 속에서 새로운 옷으로 갈아입는데 하물며 인간이 과거의 일에 발목이 잡혀 앞으로 나아가지 못한다면 이 얼마나 어리석은 일이겠는가. 가을의 억새를 보면서도 나는 삶의 지혜를 배운다. 향기도 화려한 빛깔도 없지만 그래서 더 아름다운 억새를 보며 모나지 않은 사람이 되어 세상과 사람들에게 스미고 섞이는 것을 두려워하지 말아야겠다고 다짐하기 때문이다.

눈 덮인 겨울의 두륜산은 붉게 타오르는 동백꽃으로 인해 경이로움을 선사한다. 어찌하여 동백은 혹한의 추위를 뚫고 빨간 꽃망울을 틔우는 것일까?

아름다움을 마음껏 뽐내기 위함일까? 힘들고 어려워도 굳건히 꿈을 향해 나아가라도 이르기 위함일까?

빼어난 산세도와 다도해의 절경이 어우러진 17.74㎞의 둘레길, 달마고도를 거닐다보면 스스로 답을 찾아낼 수 있을 것이다. 생태를 훼손하지 않기 위해 주변돌을 채취해 석축을 쌓고 모든 길을 곡괭이와 삽, 호미 등을 이용해 조성한 것 또한 우리에게 더불어 살아가야 하는 이유를 가르쳐준다.

chapter 1

명예와 치유의 땅 해남, 한반도의 시작이다

싱그러운 생명과 따뜻함을 품은 땅, 명예의 기운이 흐른다

서산대사의 애국심이 후세로 이어지다

차를 마시며, 선을 깨달은 초의선사

전사이고 싶었던 시인 김남주를 기억하며

아름다운 산지승원 대흥사

전설까지 아름답고 신비로운 미황사

마음을 다스려 선을 깨닫다, 달마대사의 禪

chapter 1
서산대사의 애국심이 후세로 이어지다

서산대사는 조선시대 승려로서 법명은 휴정, 호가 청허(淸虛)이다. 오랫동안 묘향산에 머물러 있었기에 묘향산의 다른 이름인 서산이라 불리게 되었다. 평안도 안주 출신으로 어려서 부모를 여의고 고아가 되었으나, 이사증(李思曾)의 도움으로 한양으로 거처를 옮기고 성균관에서 공부를 했다. 15살 때 진사과에 응시했다가 낙방하여 여행길에 오르던 중 숭인장로(崇仁長老)를 만나 출가를 하게 되었다. 낙방이 서산대사를 승려의 길로 이끈 것이니, 예나 지금이나 실패는 또 다른 시작을 의미한다. 이후 서산대사는 승과(僧科)에 급제하고, 대선(大選)을 거쳐 선교양종판사(禪敎兩宗判事)가 되었다.

1589년(선조 22) 정여립 모반사건과 관련해 옥고를 치렀으나, 결백이 밝혀져 석방되었고 3년 후 1592년 임진왜란 때 왕명을 받들고 의승병(義僧兵)을 일으키고자 전국의 제자에게 격문을 보내 구국에 참여하도록 하여 마침내 평양성을 회복하는데 성공했다. 1594년(선조 27)에 도총섭직을 사명당에게 넘기고 묘향산으로 돌아간 서산대사는 1604년(선조 37) 1월 23일에 묘향산 원적암(圓寂庵)에서 입적하며 제자들에게 자신의 가사와 발우를 해남 두륜산에 두라고 전했다. 만년 동안 전쟁과 삼재가 미치지 훼손되지 않을 땅으로 두륜산을 지목한 것이다. 그로부터 지금까지 서산대사의 법맥은 두륜산 내 대흥사로 이어졌다.

아울러 서산대사의 입적과 함께 원적암에서 21일 동안 상서로운 향기가 계속되었다고 한다.

서산대사의 말씀처럼 두륜산은 오랜 시간이 지나도 훼손되지 않을 명산이다. 하여 명예로운 삶을 살고 싶어 하는 이들의 발길이 끊이지 않는다. 산에 오르는 것만으로도 땅의 기운이 전해져오기 때문이다.

그렇다면 서산대사는 역사 속에서 어떤 승려로 기록되어 있을까? 두 가지 설화가 전해져 내려오고 있는데 첫째는 다음과 같다.

중국을 유람하고 요동 석숭의 집에 머물던 서산대사는 금강산을 넣은 병풍을 그려 준 뒤 천금 수표를 받아 석숭의 집을 나왔다. 압록강을 건너 한 마을에 도착한 서산대사는 참으로 기이한 풍경을 보았다. 고깔을 쓴 보살은 춤을 추고 있었고 노인을 술을 마시며 울었다. 그 사이로 처녀가 노래를 하고 있었으니, 그 연유를 묻지 않을 수 없었다.

노인이 말하길 "내 성은 여(呂) 씨로 국죄(國罪)를 입어 칠 년간 귀양을 갔는데, 오늘이 내 환갑날이라 아들이 대신 그 여년(餘年)을 살고 나는 집으로 돌아왔습니다. 집안이 가난하여 며느리가 머리카락을 팔아 음식을 장만했으니 고깔을 쓰고 춤을 추는 것입니다. 딸은 노래를 불러 나를 위로하니 내어찌 울지 않겠습니까. 처가 죽었는데도 장사를 치르지 못하고 있습니다."라 하였다.

노인의 딱한 사정을 들은 서산대사는 천금 수표를 주어, 장사를 치르게 하였다. 딸의 관상을 보아하니 대인의 부인이 될 상이라, 석숭에게 며느리로 소개하였다. 석숭은 대사의 말을 믿고, 처녀를 며느리로 맞이하였다. 그녀는 훗날 임진왜란이 일어났을 때 남편에게 청하여 조선에 원군을 보내줄 것을 간곡히 부탁하였다. 임진왜란이 일어났을 때 서산대사가 의승병과 함께 나라를 구할 수 있었던 배경이다.

서산대사의 혜안과 자비로움이 결국 조선을 지켜주었던 것이다. 덕을 베풀면 결국 그 덕이 자신에게 되돌아온다고 말하는 까닭이다.

또 다른 설화에 의하면 서산대사가 임 진사 댁을 방문하여 사명당의 독선생이 되었는데, 어느 날부터 한 동자가 사서삼경(四書三經)과 주역(周易)에 대해 물었다. 알고 보니 동자가 용왕국의 태자였던 것이다. 용왕은 태자에게 글을 가르쳐준 서산대사를 극진히 대접하고 연적(硯滴)을 선물로 주었다. 이는 글자를 쓰면 그대로 이루어지는 주구(呪具)였으니 대사가 하늘로 오르며 일본의 항서를 받아오도록 했다고 전해진다.

이 밖에 다양한 설화가 이어져 내려오는데, 중요한 것은 설화 속 이야기가 아니라 서산대사의 행적이 조선을 지켜주었다는 점이다. 그래서 두륜산에는 여전히 명예의 기운이 흐른다. 이 나라를 지킬 위대한 인물이 탄생할 수 있다는 뜻이다.

chapter 1

명예와 치유의 땅 해남, 한반도의 시작이다

싱그러운 생명과 따뜻함을 품은 땅, 명예의 기운이 흐른다

서산대사의 애국심이 후세로 이어지다

차를 마시며, 선을 깨달은 초의선사

전사이고 싶었던 시인 김남주를 기억하며

아름다운 산지승원 대흥사

전설까지 아름답고 신비로운 미황사

마음을 다스려 선을 깨닫다, 달마대사의 禪

chapter 1
차를 마시며, 선을 깨달은 초의선사

대흥사에서 빼놓을 수 없는 승려가 한 분 더 계신다. 바로 초의선사이다. 조선 후기 승려로 법명은 의순이며, 초의는 호이다. 초의선사는 우리나라의 다도를 중흥시켜 다성(茶聖)이라 불린다. 선사는 어린 시절 강가에서 놀다가 물에 빠졌고, 지나가던 스님에 의해 구사일생으로 목숨을 건졌다. 이때의 인연으로 출가하게 되었으니, 사람의 인연이란 참으로 오묘하다. 스치듯 지나가는 작은 인연이 운명을 바꿔주기도 하고, 악연이 인연을 만나기 위한 징검다리가 되어주기도 하기 때문이다.

물에 빠져 생사를 넘나들었던 사건은 어린 선사에게 필시 악몽과도 같은 일이었을 테다. 그러나 그 악몽의 시간이 결국 그의 삶을 승려의 길로 이끌었다. 어쩌면 승려가 되기 위해 그러한 일을 겪었는지도 모른다. 승려가 된 뒤로는 유학, 도교 등 다양한 지식을 섭렵하며 다산 정약용, 추사 김정희

등과 친분을 쌓아나갔다.

당대 최고의 문인들과 교류한 덕분일까? 그의 철학은 매우 심오하였다.

차(茶)와 선(禪)이 하나로 이어져있다는 다선일미(茶禪一味)사상으로 집약되는데, 풀이하자면 차를 마시되 법희선열(法喜禪悅)을 맛본다는 것이다.

티끌 한 점 없는 차(茶) 안에는 부처님의 진리와 명상의 기쁨이 다 녹아있기 때문이다.

나 역시 초의선사의 철학에 뜻을 같이 한다. 따뜻한 차를 마시다보면 머릿속이 맑아지면서 영혼까지 맑아진다. 몸과 마음이 평온해지면서 어느 한 곳으로도 치우치지 않는 중용을 배운다. 차와 선이 하나로 이어져 있음을 깨닫게 되는 것이다.

커피를 마실 때도 이와 비슷한 경험을 하게 된다. 그윽한 커피향이 코끝에 닿으면 기분이 좋아진다. 입가에 미소가 번지는 것이다. 그럴 때는 커피와 선이 하나로 이어져 있음을 느낀다. 커피가 정신을 깨우고 향기가 번뇌를 잊게 만들어주기 때문이다. 마음을 바꿔, 문제를 해결할 수 있도록 도와주는 것이다. 차를 마시면서 초의선사의 가르침을 배웠고, 커피를 즐기며 선의 의미를 배웠으니, 두륜산은 내게 더 없이 특별한 장소다.

chapter 1

명예와 치유의 땅 해남, 한반도의 시작이다

싱그러운 생명과 따뜻함을 품은 땅, 명예의 기운이 흐른다

서산대사의 애국심이 후세로 이어지다

차를 마시며, 선을 깨달은 초의선사

전사이고 싶었던 시인 김남주를 기억하며

아름다운 산지승원 대흥사

전설까지 아름답고 신비로운 미황사

마음을 다스려 선을 깨닫다, 달마대사의 禪

chapter 1
전사이고 싶었던 시인 김남주를 기억하며

[자유 - 김남주]

만인을 위해 내가 일할 때 나는 자유이다

땀 흘려 힘껏 일하지 않고서야 어찌 나는 자유이다라고 말할 수 있으랴

만인을 위해 내가 싸울 때 나는 자유이다

피 흘려 함께 싸우지 않고서야 어찌 나는 자유이다라고 말할 수 있으랴

만인을 위해 내가 몸부림칠 때 나는 자유이다

피와 땀과 눈물을 나눠 흘리지 않고서야

어찌 나는 자유이다라고 말할 수 있으랴

사람들은 맨날 겉으로는 자유여, 형제여, 동포여를 외쳐대면서도

안으로는 제 잇속만 차리고들 있으니

도대체 무엇을 할 수 있단 말인가

도대체 무엇이 될 수 있단 말인가

제 자신을 속이고서

[노래 - 김남주]

이 두메는 날라와 더불어

꽃이 되자 하네 꽃이

피어 눈물로 고여 발등에서 갈라지는

녹두꽃이 되자 하네

이 산골은 날라와 더불어 새가 되자 하네 새가

아랫녘 웃녘에서 울어예는

파랑새가 되자 하네

이 들판은 날라와 더불어

불이 되자 하네 불이

타는 들녘 어둠을 사르는

들불이 되자 하네

되자 하네 되고자 하네

다시 한 번 이 고을은

반란이 되자 하네

청송녹죽 가슴으로 꽂히는

죽창이 되자 하네 죽창이

해남이 낳은 시인 김남주의 시다. 1980년대 민족문학의 기수로 평가되었던 김남주 시인은 자유의 소중함을, 민주주의에 대한 열망을 시로 승화했다.

그러던 중 1979년 남민전 사건으로 15년 형 선고를 받고 9년째 복역하던 중 1988년 12월 가석방으로 출옥하였다.

그에게 있어 시는 독재정권과 싸우는 무기였다. 불의에 항거하지 못하고 침묵하는 자신을 깨우는 도구였다. 시를 쓰면서 인간다움에 대해 성찰하였고, 인간답게 살아가기 위한 실천을 해나갔던 것이다. 야만의 세월이 아니었다면 그는 시인이 안 되었을까? 목숨을 걸어 항거해야할 불의가 없었을 테니까. 아니다. 그는 어떤 시대에 태어났을지라도 시인이 되었을 것이다. 아름다운 글귀로 인간답게 살아가는 법을 이야기했을 테다.

서산대사부터 김남주 시인까지 나라를 위해 명예롭게 살다간 인물이 많아서일까. 두륜산은 예로부터 명예의 기운이 흐른다. 다행히 지금도 두륜산에 오르면 명예의 기운이 흐르고 있음을 느낀다. 머지않아 두륜산의 정기를 이어받은 이가 대한민국을 위해 일하게 될 것이라 믿어 의심치 않는다.

김남주 시인처럼 정의로운 대한민국을 꿈꾼다면 한 번쯤 해남에 들려, 시인의 생가를 방문해보길 권한다. 소박한 시골마을 해남군 삼산면 봉학리에 가면 김남주 생가라는 표시판이 있다. 소박한 시인의 생가에는 '함께 가자, 우리 이 길을'이라는 글귀가 보인다. 척박하고 고단한 길일지라도 함께 가면 즐거이 노래 부르며 갈 수 있기 때문이다.

chapter 1

명예와 치유의 땅 해남, 한반도의 시작이다

싱그러운 생명과 따뜻함을 품은 땅, 명예의 기운이 흐른다

서산대사의 애국심이 후세로 이어지다

차를 마시며, 선을 깨달은 초의선사

전사이고 싶었던 시인 김남주를 기억하며

아름다운 산지승원 대흥사

전설까지 아름답고 신비로운 미황사

마음을 다스려 선을 깨닫다, 달마대사의 禪

chapter 1

아름다운 산지승원 대흥사

두륜산에 가면 꼭 걸어야 하는 길이 있다. 대흥사로 가는 숲길이다. 아홉 굽이 숲길이라 하여 '구림구곡九林九曲'이라는데, 앞으로 나가기 힘들 정도로 빽빽한 숲이 나온다.

2018년 6월에 산사, 한국의 산지 승원(Sansa, Buddhist Mountain Monasteries in Korea)이라는 명칭으로 유네스코 세계유산에 등재된 대흥사는 426년 신라의 승려 정관(淨觀)이 창건한 만일암(挽日庵)이라 하고, 또 진흥왕 재위시절인 544년 아도(阿道)가 창건했다고도 한다.

대흥사의 삼층석탑은 보물 제 320호로 지정되었으며 제작연대는 통일신라 말기로 추정한다. 보물 제 48호인 북미륵암마애여래좌상에는 구전으로 내려오는 설화가 있다.

죄를 짓고 하늘에서 쫓겨난 천동과 천녀가 다시 하늘에 올라가 살 수 있는

방법은 속죄와 함께 바위에 불상을 조각하는 것이었다. 다만 주어진 시간 안에 불상을 조각해야 했는데, 그 시간이 고작 하루였다. 불가능한 일이었으니 천동과 천녀는 천년수 나무에 해를 매달아 놓았다. 그리고 천동은 남쪽 바위에 서 있는 불상을 조각하고, 천녀는 북쪽 바위에 앉아 있는 불상을 조각하기 시작했다. 좌상미륵불은 말 그대로 앉아 있는 불상이었으니 천동보다 일찍 조각을 끝마칠 수 있었다. 그러자 천녀는 하늘로 올라가고 싶다는 욕심을 참지 못하고 해를 매달아 놓은 끈을 가위로 잘라버렸다. 결국 천녀만 하늘에 오르고 천동은 하늘에 오르지 못했으며 불상도 완성하지 못했다. 북쪽의 미륵불은 완성이 되었으나 남쪽의 미륵은 희미하게 빈 전각만 남아 있는 이유다.

설화라고 하지만 천녀의 심보가 참으로 고약하다. 속죄를 하여 하늘에 오를 수 있는 기회가 주어졌는데 또 다시 죄를 지었으니, 필시 머지않아 다시금 하늘에서 쫓겨났을 테다.

뿌린 대로 거두는 것이 자연의 섭리이기 때문이다. 천동은 어떻게 되었을까? 야속한 천녀를 원망하며 시름시름 앓았을 수도 있고, 속세의 여인과 인연을 맺어 백년해로를 했을지도 모를 일이다. 미래를 내다볼 수는 없지만 오늘의 선택이 내일의 삶을 결정짓는 것만은 만고불변의 진리이니 죄를 짓지 않도록 욕심을 경계해야 한다.

대흥사으로 들어서면 잡귀를 물리치는 늠름한 장승을 만날 수 있다.

금귀대장이 지키고 있는 일주문을 지나면 수많은 부도와 비가 서 있는 부도전이 나온다. 이곳에 서산대사의 부도가 있으니, 대흥사는 오랜 역사가 살아 숨 쉬는 유서 깊은 사찰이다. 부도전을 지나 반야교를 건너면 깨달음과 지혜를 얻을 수 있는 해탈문에 다다를 수 있다. 그 사이 작은 연못이 있어, 가는 걸음 걸음이 정겹다. 연못을 지나 대웅보전으로 향하면 초의선사가 머물던 곳이 나온다.

대웅보전은 조선 현종 때인 1667년에 지어졌으나 화재가 나 중수되었다. 내부는 석가모니와 약사 아미타 협시보살로 이루어진 목조삼존상이 있다. 대웅보전과 침계류, 원종대가람 편액은 원교 이광사의 글씨이다. 대웅보전 우측에 명부전이 있고 명부전 아래에 추사 김정희의 글씨가 걸린 무량수각이 있다.

국사책에서만 보던 추사 김정희의 글씨를 볼 수 있으니, 대흥사는 사찰이자 우리의 문화와 역사가 숨 쉬는 박물관이라 해도 과언이 아니다. 그래서일까. 대웅보전에 서 있노라면 그 옛날 풍경이 영화의 한 장면처럼 머릿속에 그려진다. 그 안에는 서산대사의 모습도 있고 차를 마시는 초의선사의 모습도 있다. 글을 쓰는 추사 김정희의 모습, 부처님께 지극정성으로 기도하는 민초들의 모습까지 보이는 듯 하다.

chapter 1

명예와 치유의 땅 해남, 한반도의 시작이다

싱그러운 생명과 따뜻함을 품은 땅, 명예의 기운이 흐른다

서산대사의 애국심이 후세로 이어지다

차를 마시며, 선을 깨달은 초의선사

전사이고 싶었던 시인 김남주를 기억하며

아름다운 산지승원 대흥사

전설까지 아름답고 신비로운 미황사

마음을 다스려 선을 깨닫다, 달마대사의 禪

chapter 1
전설까지 아름답고 신비로운 미황사

해남에 또 하나의 명산이 있으니, 바로 달마산이다. 남도의 금강산이라고도 불리는 달마산은 뽀족한 바위가 무려 28km나 이어져 긴 능선을 이루고 있다. 그 모습이 마치 공룡의 등줄기와 같다고 하는 이들도 있고, 거대한 바위로 된 병풍 같다고 하는 이들도 있다. 해석은 저마다 다르지만 자연이 빚은 위대함 앞에 절로 숙연해진다. 그 중턱에 미황사가 자리 잡고 있다. 바위로 둘러싸인 산속에 고즈넉이 자리잡은 사찰은 마치 자연과 동화되고 싶어 하는 인간의 마음을 표현하고 있는 듯 하다.

미황사의 역사를 되짚어보면 신라 경덕왕 재위시절인 749년에 달마산 토굴에서 수행하던 의조화상이 지었다고 전해진다. 당시 의조화상은 마을사람들로부터 기이한 이야기를 듣는다. 돌로 만든 배가 풍악을 울리며 해안에 닿았으나 어부가 가까이 다가가자 뱃머리를 돌려 멀리 떠났다는 것이다. 이에 의조화상은 돌배가 달마산에 닿을 수 있도록 신도 백여 명과 함께 지극정성으로 기도를 드렸다. 돌배가 점차 해안으로 다가와 마침내 정박을 하였는데, 돛은 비단이었고 노를 잡던 이는 금으로 된 노인이었다. 배 안에 있던 금함에는 40보살과 53선지식, 16나한의 탱화와 금자화엄경 80권, 법화경 7권과 검은 옥돌이 있었다. 신도들이 경과 불상을 모시고 배에서 내려 봉안할 곳을 찾는데 갑작스레 검은 돌이 부서지면서 청흑색의 송아지가 나오더니 점점 커져 소가 되었다.

그날 밤 의조화상이 꿈을 꾸었는데 금으로 된 노인이 말하기를 "나는 본디 인도의 우국왕으로 불경과 불상을 모실 장소를 물색하기 위해 여러 나라를 다니고 있다. 이곳에 이르러 멀리 산촌을 바라보니 산머리에 1만 부처의 형상이 나타나고 있어 배를 대었다. 스님이 소 등에 경과 불상을 싣고 가다가 소가 누워서 일어나지 않는 곳에 불경과 불상을 봉안해주시오."

이윽고 잠에서 깬 의조화상은 꿈에서 이른 대로 하였다. 소는 한참을 가다가 잠시 누웠다 다시 일어나 걸었다. 그리고 어느 골짜기에 이르렀을 때 드러눕더니 "아름답도다"라고 말한 뒤 숨을 거뒀다. 의조화상은 소가 처음 누운 자리에 통교사(通教寺)라는 절을 세우가 나중에 누운 자리에 미황사를 세워 불경과 불상을 모셨다. 아름다울 미(美)와 금인의 황(黃)을 넣어 미황사(美黃寺)가 된 것이다.

산길을 걷고 또 걸어 다다른 곳이라서인지 미황사는 화려하지는 않지만

기품이 넘친다. 이 곳에서는 구천에서 떠도는 원혼들을 극락으로 인도하는 법회를 자주 연다. 임진·정유재란 때 죽은 백성들의 영혼을 구제하고 유족들의 슬픈 마음을 위무하는 절이었기 때문이다.

불꽃처럼 뜨겁게 살다가 아름답게 떠난 이들의 영혼이 머물고 있어서 더 아름다운 곳이 바로 미황사인 것이다.

미황사의 중심 전각은 대웅전이다. 정면 3칸, 측면 3칸의 팔작지붕 건물로서 보물 제947호로 지정돼 있다. 대웅전은 1598년에 중건된 뒤 1754년과 1761년에 중수됐다. 기단 위에 바닷게와 거북이를 새긴 연화문 초석이 있고 배흘림기둥은 싸리나무로 추정된다.

대웅보전에는 용머리가 있다. 불교에서는 중생이 사는 세상을 차안(此岸)이라 하고 부처님이 계시는 정토는 피안(彼岸)이라 한다. 그 사이에 고통의 바다(苦海)가 있다. 중생들이 수도와 깨달음을 통해 차안에서 피안으로 건널 때 타는 배가 반야용선이다. 부처님을 모신 법당이 피안의 세계로 이어지고 있음을 의미한다.

특히 미황사의 도솔암은 명예의 기운이 가득한 곳이다.

불상과 바위 그리고 석양빛이 매우 아름다운 미황사를 지나 달마산의 봉우리에 다다르면 도솔암을 만날 수 있다. 동지여지승람에 의하면 통일신라말 의상대사가 창건한 천년의 기도 도량이다. 이곳은 명예의 기운이 흐르는 명당 중에 명당이다. 일출과 일몰을 모두 감상할 수 있는 귀한 장소이다. 도솔암에 올라, 세상을 내려다보면 사사로운 일에 일희일비했던 일들이 부끄럽게 여겨진다.

chapter 1

명예와 치유의 땅 해남, 한반도의 시작이다

싱그러운 생명과 따뜻함을 품은 땅, 명예의 기운이 흐른다

서산대사의 애국심이 후세로 이어지다

차를 마시며, 선을 깨달은 초의선사

전사이고 싶었던 시인 김남주를 기억하며

아름다운 산지승원 대흥사

전설까지 아름답고 신비로운 미황사

마음을 다스려 선을 깨닫다, 달마대사의 禪

chapter 1
마음을 다스려 선을 깨닫다, 달마대사의 禪

달마대사는 침묵의 언어와 가슴의 언어를 이해할 수 있는 사람을 찾아 중국으로 갔다. 그리고 소림사에서 9년간 눕지도 않은 채 아홉 해 동안 벽을 마주보고 좌선하여 깨달음 얻었다. 사람의 마음은 본래 청정하기에 오랫동안 수련하면 이를 깨달을 수 있다는 것이다. 즉, 경전 중심의 교종 불교에서 좌선 중심의 선종불교를 주장하였다.

여기에서 선(禪)이 탄생했다. 영적으로 교류가 가능할 수 있는 제자 혜가(慧可)를 만난 달마대사는 선종불교의 창시자답게 경전과 언어를 사용하지 않고 마음을 가다듬고 정신을 통일하여 무아의 경지에 도달하는 수행방법을 전수하였다.

불자가 아니더라도 달마대사의 수행법을 익힌다면 일상이 풍요로워진다. 말이 앞서는 사람은 대개 경솔하기 때문에 일을 망친다. 주위 사람들에게

신뢰를 얻지 못하는 것이다. 성급함이 화를 부른다고 말하는 까닭이다. 반대로 마음을 다스리고 매사에 신중을 기한다면 실수를 줄일 수 있다. 뜻한 바를 이룰 뿐 아니라 주위 사람들에게 신뢰를 얻는 것이다.

매순간 마음을 가다듬고 정신을 통일하여 옳고 그름을 헤아리고 할 일과 해서는 안 되는 일을 구별할 수 있어야 한다.

달마대사의 가르침 가운데 한 가지 더 주목할 점은 그의 부릅뜬 눈에 나와 있다. 달마도 속 대사의 눈을 보노라면 무섭기까지 하다. 이유인 즉, 수련을 하던 중 졸음을 이기지 못한 달마대사가 눈꺼풀이 내려 앉아 이를 막기위해 아예 눈꺼풀을 잘라버렸다. 이토록 열정적으로 수련에 집중했으니 선(禪) 경전이 가능했던 것이리라.

그렇다면 왜 집에 달마도를 걸어두면 좋은 기운을 받는 것일까? 달마대사의 기운이 전해지는 것도 있지만 도둑이나 잡귀가 달마대사의 눈을 보고 놀라 까무러쳤기 때문이라고 한다. 부릅뜬 눈이 잡귀를 쫓아내고 9년간 수련에 집중했던 열정이 집안에 활기를 불어넣어주는 것이다.

chapter 2

부의 기운이 흐르는 땅, 조계산

깨달음을 얻을 때 비로소 거닐 수 있는 곳

풍수지리의 대가 도선국사가 선택한 선암사

길함과 흉함 또한 마음가짐에서 비롯된다

소박해서 더 아름다운 송광사

땅에 흐르는 치유의 힘, 어싱(Earting)

명예로운 땅, 만덕산에서 완성된 목민심서

chapter 2
부의 기운이 흐르는 땅, 조계산

끝없이 펼쳐진 순천의 억새밭을 보고 있으면 마음이 편안해지는 한편 뜻 모를 쓸쓸함이 느껴진다. 화려한 꽃잎도, 향기도 없지만 온 세상을 노랗게 물들이는 억새가 마치 황혼의 여유로움을 만끽하는 노인의 모습을 연상시키기 때문이다. 바람이 불어올 때마다 힘없이 몸을 맡기는 모습이 애처로우면서도 순응하는 법을 가르쳐주는 것이다.

그래서 가을이 되면 바쁜 일정을 쪼개 순천만을 찾는다. 바람에 몸을 맡기는 억새처럼 세상에 나를 맡긴 채 여유롭게 살아가기 위해서다. 비바람 앞에서도 억새는 초연하게 대처한다. 호들갑떨지 않고 온 몸으로 비바람을 맞으며, 묵묵히 자리를 지키는 것이다. 순응하는 것을 넘어 유연하게 대처하고 있으니, 억새의 모습에서 어찌 살아야하는지 배우는 게다.

이렇듯 나는 순천의 가을에서 황혼의 여유로움을 떠올리지만 황금빛

벌판을 연상하는 이들도 있다. 덕분에 순천의 조계산에서는 부의 기운이 흐른다. 우리나라 최대 갈대 군락지답게 촉촉한 습지를 터전삼아 다양한 생명들이 동고동락하고 있으니, 생명을 잉태한 땅에 어찌 부의 기운이 흐르지 않겠는가.

땅의 기운이 자연생태계를 보존하는 힘이 되고 나아가 인간의 길흉화복을 이끈다는 뜻이다.

조계산에 오른다면, 부의 기운이 자신에게 흐를 수 있도록 한 걸음 한 걸음 내딛을 때마다 기도를 드려보면 어떨까? 플라시보 효과라 하여, 강한 믿음이 꿈을 이뤄주는 열쇠가 되어줄 테니까.

뿐만 아니라 조계산에 오르면 고즈넉하고 아름다운 풍광 덕에 마음이 풍요로워진다. 산세가 부드럽고 아늑하여 정상에 오르는 동안 사색에 잠겨 번뇌를 떨쳐낼 수 있는 것이다.

소백산 맨 끝자락에 위치해있으며 송광면과 주암면, 낙안면에 걸쳐 있다. 높이는 884m로 높지도 낮지도 않아 마음만 먹으면 누구나 오를 수 있는 명산이다.

매화꽃이 흐드러지게 피어 있다는 것도 조계산의 특징이다. 매화꽃이란 추운 겨울, 가장 먼저 꽃을 피운다. 하여 추운 날씨에 피는 '동매(冬梅)', 눈 속에 피는 '설중매(雪中梅)'라 부른다. 온 세상이 꽁꽁 얼어붙은 날에 꽃을 피웠다니, 이 얼마나 강인한 꽃인가. 매화의 강인함을 배운다면 무엇이 두렵고 무섭겠는가. 마음만큼은 부자가 될 수 있는 것이다.

매화나무 이외에도 갈참나무, 굴참나무, 신갈나무 등 다양한 나무가 모여 숲을 이루고 있다. 동쪽에 선암사 서쪽에 송광사를 비롯해 크고 작은 사찰이 무려 8곳이나 있다. 아름다운 나무와 꽃 그리고 사찰로 이루어져 있으니, 조계산은 오를 때마다 마음이 풍요로워진다.

부의 기운이 흐르는 명당임을 매순간 확인하는 것이다. 더불어 고온다습한 해양성 기후로 인해 예로부터 소강남(小江南)이라고도 불린다. 아파트 숲으로 이루어진 서울의 강남과는 사뭇 다른 풍경이지만 부의 기운이 흐르고 끊임없이 사람들이 찾는다는 공통점이 있다.

1979년 12월, 깊은 계곡과 울창한 숲 시원스럽게 쏟아지는 폭포와 약수 등 빼어난 경관으로 인해 도립공원으로 지정되며 더 많은 사람들이 찾고 있다.

조계산이 명산이 되었던 또 다른 이유는 선암사(仙巖寺)를 품고 있어서다. 대한민국에서 가장 아름다운 절이라 불리는 선암사는 정호승 시인의 시에도 등장한다. 대관절 시인은 왜 눈물이 나면 선암사로 가라고 했을까? 그곳에서 실컷 울고 나면 번뇌가 사라진다고 믿었던 모양이다. 슬픔마저 잊게 만들 만큼 아름다운 사찰임에는 틀림없을 테니.

나는 여기에 한 가지를 더 추가하고 싶다. 기쁠 때도 선암사를 찾자. 조계산에 도착해 선암사로 한 걸음씩 나아갈 때마다 자연의 위대함에 겸손과 감사를 깨달을 수 있기 때문이다. 기쁨이 배가 되는 것이다. 슬픔은 치유하고 기쁨은

배로 만들어주니, 역시 조계산은 부의 기운이 흐르는 명당임에 틀림없다.

[선암사 _ 정호승]

눈물이 나면 기차를 타고 선암사로 가라
선암사 해우소로 가서 실컷 울어라

해우소에 쭈그리고 앉아 울고 있으면
죽은 소나무 뿌리가 기어다니고
목어가 푸른 하늘을 날아다닌다.

풀잎들이 손수건을 꺼내 눈물을 닦아주고
새들이 가슴 속으로 날아와 종소리를 울린다
눈물이 나면 걸어서라도 선암사로 가라

선암사 해우소 앞
등 굽은 소나무에 기대어 통곡하라

chapter 2

부의 기운이 흐르는 땅, 조계산
깨달음을 얻을 때 비로소 거닐 수 있는 곳
풍수지리의 대가 도선국사가 선택한 선암사
길함과 흉함 또한 마음가짐에서 비롯된다
소박해서 더 아름다운 송광사
땅에 흐르는 치유의 힘, 어싱(Earting)
명예로운 땅, 만덕산에서 완성된 목민심서

chapter 2
깨달음을 얻을 때 비로소 거닐 수 있는 곳

선암사는 전라남도 순천시에 위치한 조계산 자락의 사찰이다. 대한민국에서 가장 아름다운 절이라는 타이틀에 걸맞게 입구로 들어서는 길부터 눈에 호사를 안겨준다. '한국의 아름다운 길' 대상을 수상한 바 있으니, 아름다운 숲길을 거닐고 싶다면 선암사를 추천한다. 그 길에는 승선교가 있다. 보물 제400호인 승선교는 우리나라 돌다리 가운데 가장 아름답다고 전해진다. 작은 돌을 차곡차곡 쌓아올린 다리도 아름답지만 선암사천 계곡이 흐르고 그 뒤로 보이는 강선루와 조화를 이뤄 신비로움을 자아내기 때문이다.

먼발치에서 바라보고 있으면 다리를 지나 보이는 강선루가 마치 다른 세상처럼 느껴진다. 일주문을 향해 오르다보면 오래된 수령을 자랑하는 고목이 빼곡하다. 편백나무의 향기가 마음을 편안하게 만들어주니, 슬픈 일이 있으면 선암사에 가라던 정호승 시인의 시구절이 절로 생각난다. 수령이

자그마치 600년이 넘는 와송(臥松)도 늠름하게 선암사를 지키고 있다. 덕분에 선암사는 사시사철 푸르른 기상을 자랑하고 있다.

경내에서 흐르는 물줄기를 모아 만든 연못 또한 생경한 멋을 자랑한다.

선암사의 또 다른 특징은 여느 사찰과 달리 세 가지가 없다는 점이다. 사천왕문과 대웅전 협시보살상이 없다. 사천왕문이 없는 연유는 조계산 주봉이 장군봉이기 때문이다. 장군봉이 선암사를 잡귀로부터 지켜주고 있으니 호법신을 만들지 않았다. 조계산의 장군봉을 믿고 있는 것이다. 협시보살상이 없는 까닭은 대웅전에 봉안된 석가모니불상의 모습 때문이다. 손을 무릎 위에 얹고 오른 손가락으로 땅을 가리키고 있는데 항마촉지인 즉, 마왕 파순이 항복을 받고 깨달음을 얻어 부처가 되었음을 의미한다.

끝으로 대웅전에 어간문이 없다. 완전한 깨달음을 얻은 사람만이 지나갈 수 있는 문, 어간문을 없앴다는 것은 완전한 깨달음을 얻겠다는 것 자체가 욕심이라는 뜻이다. 즉, 욕심을 버릴 때 비로소 교만을 경계할 수 있다는 가르침이다.

선암사의 가람배치 또한 생각의 폭을 넓혀준다. 무질서한 듯 보이지만 그 안에 정교한 규칙이 살아 있다. 하여 서로가 서로에게 닫혀 있는 것처럼 보이다가도 개방된 구조를 띤다.

그 모습이 마치 우리에게 사람을 대하는 태도를 보여주는 듯 하다. 친분이 두텁다하여 너무 많은 것을 보여주면 예의를 잊게 되고, 어려운 사이라 하여 철저히 차단하면 외로워지는 것이 사람과 사람 사이의 관계일 테니 말이다.

오랜 역사가 살아 숨 쉬는 사찰답게 숱한 시련을 겪기도 했다. 신라시대에 창건한 뒤로 전쟁과 화마를 겪었으며 임진왜란 이후에는 거의 폐사로 방치되었다. 1759년 무렵 화재 예방을 위해 산 이름을 청량산(淸凉山)으로 하고 절 이름을 해천사(海泉寺)로 바꾸기도 하였다. 이러한 역사의 흔적은 일주문 뒤편 편액에 새겨진 이름과 전각 곳곳에 새긴 물 수(水)자와 바다 해(海)자를 통해 확인할 수 있다.

선암사의 시련은 여기서 끝나지 않았다. 불각(佛閣) 9동, 요(寮) 25동, 누문(樓門) 31동으로 도합 65동의 대가람이었으나 6·25전쟁 중 많은 부분이 소실되어 지금은 20여 동의 당우(堂宇)만이 남았다. 그나마 다행인 것은 경내에 보물 제395호 선암사 삼층석탑과 보물 제1311호 순천 선암사 대웅전 등 다수의 중요문화재가 남아 있다는 것이다.

고려 명종 때의 문신 김극기(金克己)는 선암사의 풍경을 보며 "적적한 산골 속 절이요, 쓸쓸한 숲 아래의 중일세. 마음속 티끌은 온통 씻어 떨어뜨렸고, 지혜의 물은 맑고 용하기도 하네."라는 시를 지었다. 그의 시구절처럼 선암사를 거닐면 마음이 깨끗해진다. 깨달음도 얻는다. 온갖 시련 앞에서도 견디고 이겨내는 법도 배운다. 치유의 명당이라 부를 수 있는 것이다.

chapter 2

부의 기운이 흐르는 땅, 조계산

깨달음을 얻을 때 비로소 거닐 수 있는 곳

풍수지리의 대가 도선국사가 선택한 선암사

길함과 흉함 또한 마음가짐에서 비롯된다

소박해서 더 아름다운 송광사

땅에 흐르는 치유의 힘, 어싱(Earting)

명예로운 땅, 만덕산에서 완성된 목민심서

chapter 2
풍수지리의 대가 도선국사가 선택한 선암사

예로부터 우리는 조상 대대로 묏자리를 잘 써야 대대손손 부귀영화를 누린다고 믿으며 풍수지리를 중시하였다. 특히 고려시대에는 과거시험에 출제되는 중요한 학문으로 자리 잡았다.

도선국사(道詵國師)가 당나라에 가서 장일행(張一行)이라는 선사로부터 풍수지리학을 전수받아 고려 태조 왕건에게 많은 영향을 끼쳤기 때문이다.

통일신라시대에도 태종 무열왕과 김유신 등의 묏자리를 정할 때 풍수지리에 따랐다고 전해진다. 지키고 싶은 것이 많고 오랫동안 권력과 명예를 누리고자 했던 왕족과 귀족들이 풍수지리를 훨씬 더 중시했다는 뜻이다.

음택풍수(陰宅風水)라 하여 죽은 자의 영혼이 살아있는 사람들에게 영향을 준다고도 믿었다. 이 밖에도 양택풍수(陽宅風水)가 있는데 이는 음양오행설에 근거한다. 쉽게 설명하자면 땅에는 신비스러운 영(靈)이 서려 있으며, 그 기운을 받고 태어난 사람은 장차 큰 인물이 된다는 것이다.

그렇다면 땅에 흐르는 신비스런 영이란 대관절 무엇일까?

그에 앞서 풍수라는 말에 대해 생각해보자. 풍수는 바람과 물을 의미한다. 바람과 물이 원활하게 흐르면서 하늘과 땅의 기운이 동하는 곳에서는 신비스러운 영이 흐른다. 반대일 경우에는 흉한 기운이 흐르고 그곳을 터전으로 살아가는 사람들에게 고스란히 영향을 끼친다.

땅속에 돌아다니는 '생기'가 사람에게 전달되기 때문이다.

즉, 우리는 땅을 살아있는 생명체로 보고 있다. 중국 당나라 때 지리풍수가인 곽박은 저서 『금낭경』을 통해 "만물의 생겨남은 땅속의 것, 지중자(地中者)에 힘입지 않은 것이 없다. 그것은 땅속에 생기가 있는 까닭이다"라고 전했다.

나 역시 땅이란 살아있는 생명체와 같다고 믿기에, 풍수지리를 중시한다. 하여 풍수지리를 학문의 영역으로 끌어올린 도선국사의 사상을 깊이 연구해왔다. 풍수의 대가인 도선국사가 암자였던 선암사를 격식을 갖춰 사찰로 개창하였으니, 선암사야말로 명당 중에 명당이다. 다만 땅의 기운도 바람처럼 흐르기 때문에 한 번 명당이었다고 하여 영원토록 명당의 자리를 유지하는 것은 아니다. 명당일지라도 전쟁과 화마의 상흔을 고스란히 안고 있는 까닭이다.

도선국사에 대해 조금 더 설명하자면, 역사적으로 유명해진 것은 고려 태조에 의해서였다. 875년, 도선국사가 말하길 "지금부터 2년 뒤에 반드시 고귀한 사람이 태어날 것이다."고 했는데, 그 예언대로 송악(松岳, 개경)에서 태조가 태어났다. 때문에 태조 이후의 고려왕들은 도선국사를 극진히 존경하였다.

일설에 의하면 도선국사가 당나라로 유학을 가서 밀교 승려 일행(一行)으로부터 풍수설을 배웠다고 한다. 승려이지만 음양풍수설의 대가로 알려져 있기 때문에 오랜 세월이 흘러도 도선국사라 하면 비기(秘記)의 주인이라 하였다. 풍수지리설을 비기라 여길 만큼 중시했다는 뜻이다. 이를 증명이라도 하듯 도선는 37세가 되던 해부터 옥룡사에 머물면서 입적할 때까지 제자들을 양성하였다. 당시 제자의 수가 수백 명이 넘었다고 한다.

도선이 역사적 실존 인물이 아니라 신화적 존재라고 말하는 기록도 있지만 <도선비기>, <송악명당기(松岳明堂記)>, <도선답산가(道詵踏山歌)>, <삼각산명당기(三角山明堂記)> 등의 저서를 남겼으니 존재했던 인물임에는 틀림없다. 다만 풍수지리의 대가였으니 영험한 힘에 놀란 사람들이 그의 삶을 신화적으로 만들어준 것일 테다. 더욱이 아름다운 사찰 선암사를 보고 있으면 풍수지리의 대가만이 발견할 수 있는 명당이라는 사실을 느낀다. 세계문화 유산에 등재될 만큼 아름다울뿐 아니라 영험한 힘이 전해지기 때문이다.

chapter 2

부의 기운이 흐르는 땅, 조계산

깨달음을 얻을 때 비로소 거닐 수 있는 곳

풍수지리의 대가 도선국사가 선택한 선암사

길함과 흉함 또한 마음가짐에서 비롯된다

소박해서 더 아름다운 송광사

땅에 흐르는 치유의 힘, 어싱(Earting)

명예로운 땅, 만덕산에서 완성된 목민심서

chapter 2
길함과 흉함 또한 마음가짐에서 비롯된다

도선국사와 함께 선암사를 대표하는 승려는 천태종(天台宗)을 개창한 대각국사이다. 고려 제11대 왕인 문종의 넷째 아들이기도 한 대각국사는 고려 중기 들어 선암사를 대대적으로 중창하였다. 학문에 정진하였던 대각국사는 송나라로 유학을 떠나 여러 승려들과 교류하며 천태학을 배운 뒤 1097년 숙종이 재위하던 시절에 비로소 천태종을 개창하였다. 당시 고려의 불교는 선·교 양종의 대립이 심각했기 때문에 이에 따른 폐단을 바로잡아 선(禪)과 교(敎)의 화합을 도모하고자 했던 것이다.

다만 병환이 깊어진 탓에 숙종에게 "원한 바는 정도를 중흥하려 함인데 병마가 그 뜻을 빼앗았나이다. 바라옵건대 지성으로 불법을 외호하시와 여래께서 국왕, 대신에게 불법을 외호하라 하시던 유훈을 봉행하시오면 죽어도 유감이 없나이다."라는 유언을 남기고 속세 나이 47세에 입적하였다.

불교의 가르침이 시간의 흐름 속에서 퇴색하고 다시금 이를 개혁하려는 움직임이 끊임없이 일어났다는 사실을 통해 선암사가 제 아무리 명당이라 할지라도 반목과 대립이 발생하고 흥망성쇠를 거듭했다는 것을 알 수 있다.

즉, 명당의 기운이 흐르는 땅이라고 하여 불운한 일이 발생하지 않는 것은 아니다. 바꿔 말하면 나쁜 일이 생겼다고 하여 그곳이 흉당인 것도 아니다. 명당과 흉당이 엄연히 존재하지만 그럼에도 불구하고 그곳에 뿌리를 내리고 살아가는 사람의 마음가짐에 따라 명당이 흉당이 될 수도 있고, 흉당이 명당이 될 수도 있다.

땅의 기운 못지않게 마음가짐이 중요하다고 말하는 까닭이다.

선암사가 바로 그 사실을 말해준다. 선암사는 풍수지리학의 대가인 도선국사에 의해 시작되었고, 선(禪)과 교(敎)의 화합을 도모하고자 했던 대각국사에 의해 대대적으로 중창되었음에도 불구하고 풍파를 겪지 않았는가.

명당에 자리를 잡았다고 하여, 시련이 빗겨가는 것이 아니라는 뜻이니, 지금의 시련 또한 슬기롭게 이겨내야 할 것이다.

chapter 2

부의 기운이 흐르는 땅, 조계산
깨달음을 얻을 때 비로소 거닐 수 있는 곳
풍수지리의 대가 도선국사가 선택한 선암사
길함과 흉함 또한 마음가짐에서 비롯된다
소박해서 더 아름다운 송광사
땅에 흐르는 치유의 힘, 어싱(Earting)
명예로운 땅, 만덕산에서 완성된 목민심서

chapter 2
소박해서 더 아름다운 송광사

조계산 끝자락에는 고려조 16대 국사를 배출한 송광사가 있다. 새둥지처럼 아늑한 사찰로 들어서면 하마비(下馬碑)와 마주서게 된다. 하마비란 말 그대로 말에서 내려야 한다는 의미를 담고 있는 비석이다. 말에서 내려 걸어야할 만큼 신성한 장소라는 표시이다.

땅의 기운이 영험하기 때문이다. 선조들도 조계산의 영험함을 익히 알고 있었으니, 고종 재위시절인 1887년, 송광사에 하마비를 세웠다.

덕분에 지금도 송광사에 들어서면 땅의 기운에 압도당한다. 마음 밭에 나쁜 생각이 있는 것만으로도 죄의식을 느끼게 되므로 마음이 정화되는 것이다. 그래서 나는 마음에 어둠이 내려앉으려 할 때는 송광사를 찾는다. 하마비에 다다르는 것만으로도 이치가 밝아져 옳고 그름을 헤아릴 수 있기 때문이다.

동시에 조계산에서 흐르는 부의 기운이 내게로 전해져 오는 것을 느낀다.

나에게 있어 부란 재물이 아니라 이치를 헤아리는 밝은 눈과 감사하는 마음일 테니까.

뒤이어 정성스레 쌓아올린 돌계단과 마주하게 된다. 계단을 따라 오르면 송광사 16국 가운데 제 1세인 지눌의 승탑이 있다. 지눌스님은 고려중기의 고승으로서 9년 간 중창불사를 통해 송광사의 규모를 확장시켰다. 지눌스님의 업적이 많아서일까. 승탑으로 향하는 계단을 아래에서 위를 올려다보면 까마득한 높이로 보인다. 그리 높은 계단은 아니지만 지눌스님이 살아오신 삶의 궤적이 고스란히 느껴지는 것이다.

계단의 중턱에서 옆으로 길게 늘어선 기와 또한 묘한 분위기를 자아낸다.

기와를 넘어서면 번뇌의 흐름을 넘어선 깨달음의 세계, 즉 피안(彼岸)에 다다를 것만 같다. 기와가 사바세계(娑婆世界)의 경계선처럼 보이는 것이다. 계단 끝에서 마주한 승탑은 한없이 소박하다. 탑비 역시 수선사 결사운동을 했던 지눌스님의 업적에 비교한다면 매우 소박하고 간결하다. 마치 지눌스님의 삶이 소박하고 겸손했다 말해주는 것만 같다. 탑비의 윗부분에 새겨진 용무늬는 웅장하고 멋스럽다. 강인한 힘이 느껴져서 보고만 있어도 절로 힘이 난다. 이처럼 신비로움으로 가득한 송광사는 조계산의 자연과 어우러져 멋스러움을 자아낸다.

송광(松廣)이라는 이름 역시 지눌스님과 연관되어 있다. 불교 수행의 핵심인 정(定)과 혜(慧)를 함께 수행하여야 한다는 정혜쌍수론(定慧雙修論)을

바탕으로, 타락한 불교를 지양하며 산림에서 선(禪) 수행에 전념하자는 운동을 펼쳤던 지눌스님이 터를 잡는 과정에서 나무로 깎은 솔개를 모후산에서 날렸다. 그러자 지금의 국사전 뒷등에 떨어져 앉았다 하여 그곳을 솔개가 내려앉은 대라는 의미의 치락대라 불렀다. 이 전설을 토대로 육당 최남선은 송광의 뜻을 담아 솔갱이 절이라 하였다. 솔개의 방언이 솔갱이었기 때문이다. 때마침 산에 소나무가 많아 솔메라 부르며 송광산이 되었고, 사찰의 이름도 송광사가 되었다.

이를 토대로 예나 지금이나 새로운 일을 도모할 때는 풍수지리를 중시했다는 사실을 알 수 있다. 땅은 단순히 발밑에 머무는 흙이 아니라는 뜻이다.

이는 비단 동양에서만 통용되는 사상이 아니다. 서양에서도 어싱(Earting)이라 하여 땅과의 접촉을 중시하였다. 우리 몸에 흐르는 미세전류가 지면과 연결되어 흐르지 않으면 불필요한 양전하가 쌓여 몸에 안 좋은 영향을 미친다는 것이다. 따라서 몸이 아프거나 피곤하면 맨발로 흙을 밟고 걸어야 한다고 이른다. 땅의 기운이 몸으로 흘러, 나쁜 기운을 없애고 좋은 기운을 상승시키기 때문이다. 서양에서도 땅의 기운을 중시하고 있다는 증거이다.

일리가 있는 이야기지만 땅의 기운이 흉하다는 전제가 생략되어 있기에, 서양의 어싱보다 동양의 풍수지리가 훨씬 위대한 학문이다. 땅의 기운이 흉하게 작용한다면 그곳에 있는 사람도 복을 받을 리 없다. 기운이 불길하니 건강 또한 쇠약해지는 것이다.

명당은 필시 마음이 편안한 곳이다. 다만 대지는 생명을 잉태한 터전인 만큼 인간의 생로병사 나아가 길흉화복과 연결되어 있다. 흉당에서 마음이 편안할리 없고, 명당에서 불행이 따라다닐 리 없다. 실제로 풍수지리의 대가가 아니더라도 명당과 흉당을 본능적으로 찾을 수 있다. 몸과 마음이 편안한 곳을 일컬어 명당이라 부르는 까닭이다.

chapter 2

부의 기운이 흐르는 땅, 조계산

깨달음을 얻을 때 비로소 거닐 수 있는 곳

풍수지리의 대가 도선국사가 선택한 선암사

길함과 흉함 또한 마음가짐에서 비롯된다

소박해서 더 아름다운 송광사

땅에 흐르는 치유의 힘, 어싱(Earting)

명예로운 땅, 만덕산에서 완성된 목민심서

chapter 2
땅에 흐르는 치유의 힘, 어싱(Earting)

산속을 거닐다보면 종종 맨발로 걷는 사람들을 본다. 여린 돌멩이가 발바닥에 박혀 아플 법도 한데 그들은 왜 맨발로 거친 숲길을 걷는 것일까? 날카로운 유리에 살을 베일 수도 있는데 맨발을 고집하는 것은 땅의 기운을 오롯이 느끼기 위함이다. 지구의 중심에 해당하는 핵 에너지가 땅에 흐르고 있기 때문에 맨발로 걸으면, 지구의 에너지를 흡수할 수 있단다. 그 결과 염증이 해결되고 수면의 질도 좋아지며 활력이 생긴다고 한다.

실제로 지구는 태양, 번개, 핵 등에서 나오는 열로 인해 끊임없이 에너지를 뿜어낸다. 그 에너지는 생명체가 살아갈 수 있도록 도와준다. 땅에 씨앗을 뿌렸을 때 싹이 트는 것이 이를 증명한다. 흙에서 나온 에너지와 양분이 생명의 토대가 되는 것이다. 살아있지만 살아있지 않은 생명체인 씨앗도 이러한데, 살아 움직이는 인간의 두 발이 땅에 맞닿아 있다면 어떻게

되겠는가. 땅의 기운을 고스란히 전달받을 수 있다. 이것이 바로 어싱의 힘을 믿는 사람들의 주장이다.

이를 논리적으로 밝혀내고자 1970년대 무렵 막스 플랑크 연구소에서 한 가지 실험을 진행했다. 지구에서 발생하는 미세한 신호를 차단했을 때 인체에서 일어나는 변화를 알아보는 것이었다. 실험은 간단했다. 지구 전기장의 영향을 차단시키고 몇 달 동안 생활하면 된다. 그 사이 체온, 수면 등등 생리현상을 면밀하게 관찰한 결과 호르몬 균형이 깨지고 수면패턴이 무너지는 등 자동조절기능에 이상이 발생했다는 결론을 도출했다. 땅에 흐르는 기운이 인간의 건강과 직접적인 관련이 있다는 것이 과학적으로 증명된 것이다.

풍수가 인간의 생로병사와 길흉화복에 연관이 있다고 믿는 나이기에 어싱의 힘을 믿는다. 다만 앞서 말했듯 땅의 기운이 무조건 인간의 몸에 유익한 것은 아니다. 실례로 오랫동안 공동묘지로 사용되었던 터는 음기가 매우 강하다. 맨발로 그곳을 활보하면 기운이 점점 더 쇠약해진다. 땅의 기운 못지않게 그곳에서 생활했던 사람들의 역사 또한 매우 중요한 것이다. 따라서 명당은 시간의 흐름 속에서 흉당이 되기도 하고, 다시금 명당이 되기도 하는 것이다. 단적인 예로 우리나라의 산맥을 아우르고 있는 지리산은 오랫동안 명당으로 자리매김한 명산이다.

하지만 경남, 전남, 전북으로 뻗어나가고 있어 기운이 쇠약해지고 있다.

과거에는 전 지역으로 뻗어나간 덕에 기운이 더 상승했었는데 말이다.

똑같은 상황에서도 기운이 상승하기도 하고 쇠약해지기도 한다. 즉, 지리산은 명산이지만 명당으로서의 기운은 약해지고 있다. 맨발로 산행을 하고 싶다면 지리산보다는 조계산을 추천한다. 다만 기운이 서서히 응축되고 있는 상황이라, 일정기간이 지나면 다시금 명당으로 바뀌게 될 것이다.

조계산은 치유와 부의 기운이 흐르고 있어, 직접 접촉하다보면 크고 작은 병이 치유되고 심신의 안정을 취할 수 있다. 선암사에 들려, 삶의 이치를 깨닫고 어떻게 살아야하는지 깨우친다면 부의 기운도 자신의 것으로 만들 수 있다. 어싱의 힘을 제대로 만끽할 수 있게 되는 것이다.

chapter 2

부의 기운이 흐르는 땅, 조계산

깨달음을 얻을 때 비로소 거닐 수 있는 곳

풍수지리의 대가 도선국사가 선택한 선암사

길함과 흉함 또한 마음가짐에서 비롯된다

소박해서 더 아름다운 송광사

땅에 흐르는 치유의 힘, 어싱(Earting)

명예로운 땅, 만덕산에서 완성된 목민심서

※※※ chapter 2 ※※※
명예로운 땅, 만덕산에서 완성된 목민심서

전라남도는 곳곳에 부와 명예의 기운이 흐른다고 해도 과언이 아니다.
두륜산은 물론 만덕산에도 명예의 기운이 샘솟기 때문이다. 고도 412m의 만덕산은 그리 높은 산은 아니지만 기암괴석과 절벽으로 둘러싸여 있어, 만만히 오를 수 있는 산은 아니다.

남쪽에는 사적 107호인 다산초당과 백련사가 나란히 있다. 다산 정약용 선생은 조선 말기 당대 실학을 집대성한 학자로서 강진에 유배되어 18년간 귀양생활을 했다. 귀양생활 중 다산초당에서 후학양성을 위해 노력하며 저술에 전념한 결과 목민심서, 흠흠심서, 경제유표 등 500여권에 달하는 저서를 완성했다. 목민관이 지켜야 할 지침이자 관리들의 폭정을 비판한 목민심서는 작금의 공직자들도 읽고 실천해야할 내용들로 채워져 있다.

서문에 적힌 글을 소개하면 "오늘날 백성을 다스리는 자들은 오직 거두어들이는 데만 급급하고 백성을 부양할 바는 알지 못한다. 이 때문에 하민(下民)들은 여위고 곤궁하고 병까지 들어 진구렁 속에 줄을 이어 그득한데도, 그들을 다스리는 자는 바야흐로 고운 옷과 맛있는 음식에 자기만 살찌고 있으니 슬프지 아니한가."라고 적혀있다. 공직에 몸담고 있다면 산해진미로 스스로를 살찌우지 말고 국민을 위해 일해야 한다는 뜻이니, 세기를 넘어 공직자의 올바른 자세를 담고 있다.

길고 긴 유배생활은 정약용 선생에게 좌절의 시간이었고 고통의 산물이었지만 아이러니하게도 학문에 전진하며 최고의 실학자가 될 수 있었다. 유배생활 중에도 성실을 최고의 덕목으로 삼으며 방대한 저술활동을 펼친 결과였다. 신분계급이 견고했던 왕정시대를 살면서 백성이 주인이 되는 세상을 꿈꾸었으니, 진정 백성을 위하는 관료였다. 그 마음이 목민심서로 완성되었고 세기를 넘어 앞으로도 영원히 올바른 공직자의 모습을 가르쳐주고 있으니 선생에게 유배는 진정 벌이었을까, 자못 궁금해진다.

이처럼 백성의 행복을 최우선 가치로 삼았던 것은 고을의 수령을 역임했던 아버지 덕분이었다. 수령의 생각과 행동이 백성의 행복과 불행을 결정한다는 것을 알았던 것이다. 선생 자신 역시 33세에 암행어사로 파견되어 탐관오리들의 부정부패로 민초들이 겪는 고통을 목도하였다. 목민심서의 완성이라는 숙명을 안고 태어난 사람처럼 말이다.

어쩌면 유배지가 만덕산이었기에 목민심서를 비롯해 방대한 저서를 완성했는지도 모른다.

만덕산에 흐르는 명예의 기운이 그에게 좌절하지 않고 올바른 길을 향해 나갈 수 있도록 도와주었을지도 모르기 때문이다.

이를 증명하듯 만덕산은 절개와 기상이 강하면서도 온화함을 품고 있다. 고려의 승려 혜일(慧一)은 만덕산을 가리켜 '앞 봉우리는 돌 창고 같고, 뒤 봉우리는 연꽃 같도다.'라고 칭송하였다. 돌로 된 창처럼 깎아지는 기암절벽 같아 보이지만 나지막한 산의 모습이 연꽃의 봉오리처럼 아름답다는 게다. 돌창과 연꽃, 전혀 어울릴 것 같지 않은 것이 하나가 되어 만덕산이 된 것처럼 정약용의 삶도 고통이 위대한 사상으로 승화되었으니, 만덕산의 기운이 정약용 선생에게 흐른 것은 틀림없을 테다.

정약용 선생의 삶과 철학을 가슴 깊이 흠모하는 나이기에 전남을 찾으면 만덕산에 오르고 다산초당을 찾는다.

'나는 신유년(1801년) 겨울 강진에 도착하여 동문 밖의 주막집에 우접(寓接)하였다. 을축년(1805년) 겨울에는 보은산방(寶恩山房)에서 기식하였고, 병인년(1806년) 가을에는 학래의 집에 이사가 살았다. 무진년(1808년) 봄에야 다산(茶山)에서 살았으니 통계를 내보면 유배지에 있었던 것이 18년인데 읍내에서 살았던 것이 8년이고 다산에서 살았던 것이 10년이었다.'

담담한 어조로 써 내려갔지만 천주를 믿는다는 이유로 형 정약전은 흑산도로, 자신은 국토의 끝자락으로 보내졌으니 그곳에서의 삶이 얼마나 외롭고 쓸쓸

했을까. 그럼에도 좌절하지 않은 결과 자신에게 주어진 일분일초를 소중히 여기며 실학사상을 집대성할 수 있었으리라.

만덕산에 흐르는 기운과 정약용 본인의 강한 절개가 하나가 되어, 조선과 대한민국이 나아가야할 방향을 제시할 수 있었으리라.

생각해보면 유배기간도 그리 쓸쓸한 시간만은 아니었을지 모른다. 유배라 하여 세상과 단절하고 살아간 것이 아니라 후학양성에 매진했으며 대흥사의 초의선사를 비롯한 만덕사의 스님들과 교류하며 우의를 다져나갔다. 백련사의 혜장선사와도 다도를 즐겼다.

은은한 향기를 머금은 차를 마시며 마음의 평화를 얻고자 했다는 것은, 스스로 마음밭을 다스리고자 노력했다는 뜻일 테다. 그래서 지금도 백련사와 대흥사에 가면 그 옛날 선조들이 즐겨 마셨던 차의 향기가 감도는 것만 같다.

이윽고 향기로운 사람이 되고 싶다는 바람이 생긴다. 다산 정약용 선생의 가르침대로 살겠노라 다짐하기도 한다. 그 시작은 마음밭을 다스리는 것이다. 그런 뒤에는 생각과 말과 행동이 일치하는 삶을 살고자 노력해야 한다.

크고 작은 스트레스로 마음이 흐트러진다면, 따뜻한 차 한잔으로 심신의 안정을 찾아보자. 따뜻한 차 한 잔 또는 커피 한 잔이 일상의 여유로움을 찾아주기 때문이다. 그리하여 마음이 평화로워지면 땅의 기운을 오롯이 흡수할 수 있음을 기억하자.

chapter 3

태화산, 대한민국 경쟁력을 견인할 인물을 품다

태화산, 돌아와 세상을 보니 모든 일이 꿈만 같다

천만년 오래도록 절이 있을 터, 삼재가 들지 못하는 곳 마곡사

깨달음이란 평생 동안 추구해야 할 善

부처님께 기도하여 얻은 귀한 아들, 자장율사

화합과 배려가 계룡산의 기운을 더하다

chapter 3
태화산, 대한민국 경쟁력을 견인할 인물을 품다

명예롭게 살아간다는 것은 어떤 의미일까? 고관대작(高官大爵)에 오르면 명예로운 삶일까?

높은 벼슬에 올라 나랏일을 한다는 것은 학식이 뛰어나다는 뜻이니, 충분히 명예로운 삶이다. 하지만 미관말직(微官末職)이라고 하여 명예롭지 않다고는 말할 수 없다. 명예로운 삶은 경제력과 직책이 아니라 마음가짐과 삶의 태도이기 때문이다.

제 아무리 높은 벼슬에 있을지라도 사리사욕에 눈이 멀어 부정부패를 일삼았다면 그 삶은 결코 명예롭지 않다. 죄를 지은 사람은 벌을 받게 되어 있으니, 거짓으로 쌓아올린 명예는 모래성처럼 쉽게 부서진다. 불명예로 점철된 인생이 되는 것이다.

반대로 가장 낮은 벼슬에 있어도 나라의 발전을 위해, 국민의 행복을 위해

최선을 다한다면 지역사회로부터 진심어린 감사와 존경을 받게 된다. 진정 명예로운 삶을 살아가는 것이다.

즉, 명예롭게 살길 원한다면 권력과 일정한 거리를 두는 것이 현명하다. 권력의 중심에 있다는 것은 불가능이 없는 세상에서 살아간다는 뜻과 같기에 욕심을 경계하고 절제하기 어렵다. 태풍에도 흔들리지 않을 만큼 굳건한 절개가 없다면 부지불식간에 양심이 무뎌져버리기 때문이다.

개인의 성공보다는 사회적 약자를 배려하고, 보다 나은 사회를 위해 헌신할 때 명예로운 삶에 한발자국 가까이 다가갈 수 있음을 명심하자. 이타심이 필요하다는 뜻이니, 명예로운 삶을 향해 나가는 길은 향기로운 꽃길이 아니라 험난한 가시밭길이다.

그럼에도 불구하고 명예로운 삶을 살아가는 사람이 많길 바란다. 그들의 희생과 헌신이 우리가 사는 세상을 보다 풍요롭게 변화시키는 밑거름이 되어줄 테니까. 그런 의미에서 나는 명예의 기운이 흐르는 땅이야말로 명당 중에 명당이라 생각한다. 충남 공주의 태화산을 사랑하는 까닭이다.

태화산은 이름 그대로 크고 아름다운 산이다. 해발 416m로 높은 산은 아니지만 남북으로 철승산의 국수봉과 능선을 함께하고 있어, 충남 전역으로 드넓게 펼쳐져 있다. 덕분에 태화산의 정기가 충청도를 넘어 대한민국 곳곳으로 뻗어나가며 대한민국을 지키고 있다고 해도 과언이 아니다.

이를 증명하듯 태화산을 중심으로 대한민국의 근현대사에 커다란 족적을 남긴 이들이 많이 탄생했다. 대표적 인물이 바로 백범 김구 선생이다.

을미사변으로 충격을 받은 김구 선생은 조선의 국모가 시해된 것에 대한 원한을 풀고자 왜병 중위 '쓰치다'를 맨손으로 처단하였다.

이 일로 체포되어 해주감옥에 수감되었고 다음 해 사형이 확정되었다. 사형 집행 직전 고종황제의 특사로 집행이 중지되었으나 석방이 되지 않아 이듬해 탈옥에 성공한 뒤 태화산의 마곡사에 입산하여 승려가 되었다. 그곳을 택한 연유는 마곡사가 위치한 곳의 물과 산의 형세가 태극형이었기 때문이다. 대대손손 내려오던 예언서 정감록에서 난세에 총칼과 기근을 피할 수 있는 은둔처로 십승지지(十勝之地)를 선정했는데, 그 가운데 한 곳이 바로 마곡사였던 것이다. 충남 공주군 유구읍(維鳩邑)과 마곡사(麻谷寺)의 두 물줄기가 산과 서로 휘돌아 가며 S자로 감기기 때문이다. 실제로 이곳에 살던 사람들 중에 6.25전쟁이 일어난 것도 몰랐다고 말하는 이들이 있었으니, 사형수였던 김구 선생이 숨어 지내기에 안성맞춤이었던 것이다.

승려가 된 김구 선생이 어떤 생각을 하고, 어떻게 살아왔는지는 전해지지 않지만 나는 그 시간 속에서 선생의 사상이 집대성되었다고 믿는다.

조용한 산사에서 마음을 수련하다보면 불자가 아닐지라도 앞으로 나가야할 길이 보이기 때문이다. 더욱이 태화산은 명예의 기운이 흐른다. 나라가 어지럽고 흉흉하던 시절 명예롭게 사는 길은 단 하나, 나라의 주권을 지키는 일이다. 아마도 그리 생각했을 것이다. 그 마음이 대한민국 임시정부 수립의 토대가 되었고 나아가 광복의 기쁨으로 이어졌으리라.

다행스럽게도 태화산의 정기는 여전히 충청남도 전역에 흐르고 있다.

머지않아 대한민국의 국가경쟁력을 견인하고 국민의 삶을 행복으로 이끌어 줄 인물이 태화산을 중심으로 탄생할 것이다. 김구 선생의 뒤를 이을 위대한 인물을 말이다.

chapter 3

태화산, 대한민국 경쟁력을 견인할 인물을 품다

태화산, 돌아와 세상을 보니 모든 일이 꿈만 같다

천만년 오래도록 절이 있을 터, 삼재가 들지 못하는 곳 마곡사

깨달음이란 평생 동안 추구해야 할 善

부처님께 기도하여 얻은 귀한 아들, 자장율사

화합과 배려가 계룡산의 기운을 더하다

chapter 3
태화산, 돌아와 세상을 보니 모든 일이 꿈만 같다

일정이 없는 한가로운 날에는 종종 공주의 태화산을 찾는다. 나지막한 산새가 끝없이 펼쳐지면서 만들어낸 지평선을 바라보며 산을 오르다보면 근심 걱정이 사라지기 때문이다.

화강편마암, 주입편마암, 안구상편마암으로 이루어진 태화산은 충청남도 공주시 사곡면 운암리에 위치해있다. 전체적으로 남북 방향의 산계를 이루고 있으며, 하천도 능선과 비슷한 높이로 흐르며 감입사행의 특징을 보인다. 하천이 거대한 뱀처럼 굽이굽이 흐르고 있다는 뜻이다.

크고 아름다운 산이라는 뜻의 태화산이라는 지명은 조선 말기에 편찬된 『사적입안』에서 처음으로 사용되었다. 동국여지승람과 택리지에는 무성산(茂盛山)을 마곡사의 주산으로 기록하고 있지만 지리적으로 관련성은 없다. 하여 지금은 마곡사를 분지처럼 둘러싸고 있는 산능선을 아울러 태화산이라

한다. 북쪽에는 해발 591m의 국사봉, 서쪽에는 해발 362m의 옥녀봉, 동쪽에는 해발 614m의 무성산이 있다. 정상에 오르면 동쪽에는 무성산, 동남쪽에는 계룡산과 공주 시가가 한 눈에 보인다. 서쪽으로 보이는 칠갑산의 빼어난 경관은 탄식을 불러일으킬 만큼 아름답다. 산중턱에서 만나는 시원스러운 폭포도 태화산의 풍경을 다채롭게 만들어준다. 활인봉 부근의 약수는 또 어찌나 시원한지, 마음 속 갈증까지 해결해준다. 한 모금 마실 때마다 태화산의 정기를 내 안에 흡수하는 것 같아 힘이 불끈불끈 솟아나는 것이다.

태화천 변을 따라 즐비하게 늘어선 벚나무와 소나무는 충청도 전역을 신록으로 물들인다. 늘 푸른 소나무가 내게 굳건해야 한다고 이르는 것만 같다. 그러나 태화산이 가장 아름다울 때는 생명이 싹트는 봄이다. 예로부터 '춘마곡추갑사'라 하여 봄에는 마곡사를, 가을에는 갑사를 가야한다고 했으니 말이다. 초록의 싱그러움과 연상홍 꽃잎의 붉은 빛이 어우러져 한 폭의 풍경화를 만들어내기 때문이다. 부처님 오신 날을 전후하여 영산홍 사이로 보이는 연분홍빛 연등 또한 태화산에 특별한 아름다움을 선사한다.

충청남도에서는 많은 사람들이 태화산에 들려 부처님의 자비로움을 느끼고 김구 선생의 애국심을 본받도록 친절하게도 3개의 산행코스를 만들었다.

1코스는 마곡사 주변을 한 바퀴 도는 산책길이다. 백범길이라 부르는데 소요시간은 대략 1시간 정도다. 하지만 마음을 비우고 천천히 발걸음을 내딛다 보면 문득 길고 긴 인고의 시간을 걷고 있다는 착각이 든다.

1900년대 당시 가장 미천한 신분이라 일컬어지던 백정(白丁)과 번뇌에 얽매어 생사를 초월하지 못하는 사람을 뜻하는 범부(凡夫)까지 힘을 모아 독립을 위해 노력해야 한다고 외쳤던 백범(白凡) 김구 선생의 얼과 혼이 느껴지기 때문이다.

출가의 순간 김구 선생은 [백범일지]에 "사제 호덕삼이 삭도(削刀)를 가지고 왔다. 냇가로 나가 삭발진언을 쏭알쏭알 하더니 내 상투가 모래 위로 뚝 떨어졌다. 머리털과 같이 눈물이 뚝 떨어졌다."라 기록하였다. 그래서 1코스에는 김구 선생이 삭발을 했던 곳이 있다.

길이 시작하는 곳에는 '각래관세간 유여몽중사(却來觀世間 猶如夢中事)'라는 글이 적혀 있다. 김구 선생이 쓴 글씨로서 풀이하면 '돌아와 세상을 보니 모든 일이 꿈만 같다'는 뜻이다. 3㎞ 남짓한 숲길은 맨발로 걸어도 불편하지 않을 정도로 편안하다. 어싱(Earting)에 도전해보도 좋을 만큼 말이다. 한 여름에도 소나무가 드리운 그늘로 인해 시원한 바람이 불어온다. 인위적으로 만든 길임에 틀림없지만 사람의 손길이 닿지 않은 듯 마루와 골을 따라 자연스럽게 내어진 길은 자연과 하나가 되는 법을 은유하는 듯 하다.

2코스인 명상산책길은 마곡사부터 백련암, 활인봉, 생골마을을 돌아 다시 마곡사로 오는 코스로서 5㎞이다. 주위의 풍경을 두 눈에 담으며 걷다보면 대략 1시간 30분이 걸린다. 그 길 위에는 백련암도 있다. 김구 선생이 머물

렀던 백련암은 소박해서 더 정겨운 암자다. 영험하다고 소문이 자자한 마애불도 있다. 간절히 바라는 소원 한 가지를 이루어준다고 하여, 소원성취를 비는 사람들의 발길이 끊이지 않는다. 불자가 아닐지라도 이곳에 다다르면 누구나 두 손을 모으고 정성껏 기도를 드리게 된다. 태화산의 정기와 마애불의 영험함 그리고 백범 김구 선생 덕분에, 소원을 빌면 이루어질 것만 같다.

그래서 일까. 기도드리는 사람들을 보면 모두가 밝은 표정을 짓고 있다.

마음속에 희망이 자라고 있는 것이다.

3코스인 송림숲길은 2코스 활인봉에서 나발봉을 거쳐 다시 마곡사로 돌아오는 길이다. 총 11km이니 꽤 멀지만 황토숲길이 나와 힘든 줄 모른다. 절로 건강해지는 느낌이 들어 힘이 샘솟는다.

chapter 3

태화산, 대한민국 경쟁력을 견인할 인물을 품다

태화산, 돌아와 세상을 보니 모든 일이 꿈만 같다

천만년 오래도록 절이 있을 터, 삼재가 들지 못하는 곳 마곡사

깨달음이란 평생 동안 추구해야 할 善

부처님께 기도하여 얻은 귀한 아들, 자장율사

화합과 배려가 계룡산의 기운을 더하다

chapter 3
천만년 오래도록 절이 있을 터, 삼재가 들지 못하는 곳 마곡사

대한불교조계종 제6교구 본사인 마곡사 역시 지난 2018년 6월에 산사, 한국의 산지 승원(Sansa, Buddhist Mountain Monasteries in Korea)이라는 명칭으로 유네스코 세계유산에 등재되었다. 전 세계가 천년고찰의 아름다움을 인정했다는 뜻이다.

마곡사는 640년 선덕여왕 재위 시절, 당나라에서 귀국한 자장(慈藏)율사가 선덕여왕에게 밭을 하사받은 뒤 절을 창건하기 위한 터를 물색하다가 통도사(通度寺)·월정사(月精寺)와 함께 창건했다고 전해진다. 자장율사가 절을 완공한 뒤 낙성식을 할 때 그의 법문을 듣기 위해서 찾아온 사람들이 '삼대(麻)와 같이 무성했다'고 하여 '마(麻)'자를 넣어 마곡사라고 했다. 두 번째 설은 신라의 승려 무염(無染)이 당나라에서 돌아와 이 절을 지을 때 스승인 마곡보철(麻谷普徹)을 사모하며, 마곡사라 했다는 설도 있다. 끝으로 절을 세우기 전에 이곳에 마씨(麻氏) 성을 가진 사람들이 살았기 때문에 마곡사라 했다고도 한다.

각기 다른 색채의 이야기가 전해져 내려온 덕에 마곡사는 더 신비롭다. 호기심을 자아내는 설화들로 가득하니, 어찌 신비롭지 않겠는가.

하지만 창건설화와 달리 마곡사는 신라 말부터 고려 초까지 약 200년 동안 폐사가 되고 말았다. 지형이 요새와도 같았으니 도적떼의 소굴로 전락하고 만 것이다. 1172년에 보조국사(普照國師) 지눌(知訥)이 제자 수우(守愚)와 함께 왕명을 받고 중창하려했으나 쉽지 않았다. 도둑들에게 물러갈 것을 명하자 오히려 지눌국사를 해치려들었기 때문이다.

전설에 따르면 이때 지눌국사는 공중으로 몸을 날려 신술(神術)을 부렸다. 많은 호랑이를 만들어서 도둑에게 달려들게 한 것이다. 혼비백산이 되어 도망가는 도적떼를 잡아 '착한 사람이 되겠다'는 약속까지 받아냈다고 한다.

국사란 법계 가운데 가장 높은 등급으로 지덕(智德)이 높아 나라의 스승이 될 만한 승려에게 조정(朝廷)에서 내리던 칭호이다. 임금의 스승이라는 뜻이니, 필시 신술을 부려 도적떼를 물리치고도 남았을 테다. 논리적으로 옳고 그름을 헤아리는 것보다 전해 내려오는 이야기를 있는 그대로 믿을 때 마곡사의 신비한 힘을 느낄 수 있다.

도적떼에게 절을 되찾은 지눌국사는 왕에게서 전답을 하사받아 대가람을 이룩했으나 임진왜란 때 대부분 불에 타 소실되고 말았다. 그리고 또 60년 동안 마곡사는 폐사가 되었다가 1651년 효종 재위시절 각순(覺淳)국사가 대웅전과 영산전, 대적광전 등을 중수하였다고 전해진다.

참으로 부침이 많은 사찰이 아닐 수 없다. 오랫동안 사람이 찾지 않아 폐사가 되었고 급기야 도적떼의 소굴이 되기도 했다. 전쟁 중에 불에 탔고, 또 다시 폐사가 되는 고초를 겪었지만 모진 풍파를 견디고 이겨낸 결과 유네스코 세계유산에 등재되었으니 멀리서 바라만 보아도 깊은 감동이 전해진다.

경내로 들어서서 가장 먼저 만나는 해탈문과 천왕문은 웅장한 모습과 달리 곳곳에 역사가 할퀴고 간 상흔이 남아 있다. 그 모습이 애잔하면서도 천년고찰의 위엄처럼 느껴진다. 상흔이 곧 천년의 시간을 의미하기 때문이다.

해탈문과 천왕문은 충남 문화재로 지정되었다. 해탈문을 지나가는 것만으로도 번뇌가 사라져 부처님의 세계로 들어갈 수 있다. 천왕문에는 동서남북의 불법을 수호하는 호법신 사천왕상이 안치되어 있다. 도적떼는 결코 천왕문을 통과해 마곡사의 주인이 될 수 없으니, 신술에 놀라 달아난 것일 테다. 마천곡이 흐르는 다리를 지나면 웅장한 모습을 한 범종각이 있으며 그 안에는 지옥에서 고통 받는 중생을 구제하기 위한 범종과 네 발 달린 축생을 위한 법고, 날아다니는 새와 바다 속 물고기를 구제하기 위한 운판이 있다. 범종각의 외관은 기와가 하늘 위로 말아 올려 진 것처럼 펼쳐져 있다. 켜켜이 보이는 단청은 거대한 예술작품을 연상시킨다. 오행사상에

따라 기본적으로 청, 적, 황, 흑, 백의 오방색을 기본색으로 배합한 단청은 병충해로부터 나무를 보호하는 기능적인 측면 못지않게 예술적으로도 가치가 매우 높다. 얼마나 아름다운지 보고 또 봐도 눈을 뗄 수가 없다. 송진을 태워 나오는 그을음으로 검은색을 냈던 선조의 지혜와 정성 그리고 천년의 시간이 만들어낸 결과물이니 어찌 아름답지 않겠는가.

마곡사의 중심 법당인 대광보전과 그 뒤의 대웅보전은 해탈문, 천왕문과 일직선상에 배치되어 있다. 보물 제801호인 대웅보전에는 진리를 상징하는 비로자나불이 있다. 대광보전 마루에는 나무껍질로 만든 30평 정도의 삿자리가 있다. 조선 후기에 이름 없는 앉은뱅이가 불구를 고치기 위해 마곡사를 찾아와 부처님께 백일기도를 드렸다. 그 사이 삿자리를 짰다. 참나무를 한 끝에서 잇고 또 이어 한 줄로 완성하는 것인데, 그는 이 자리를 짜면서 법당에 봉안된 비로자나불에게 자신의 불구를 낫게 해달라고 기도하였다. 백일 뒤 기도가 끝나고 삿자리가 완성되던 날 그는 부처님께 절을 하고 자신도 모르게 일어나 법당 문을 걸어 나갔다. 지극정성으로 기도하면서 부처님께 공경하자 기적이 일어난 것이다. 군데군데 새로 보수한 흔적이 있기는 하지만 아직까지도 그가 짰다는 삿자리가 대광보전 바닥에 깔려있다.

대광보전 앞에 있는 오층석탑인 풍마동다보탑(風磨洞多寶塔)도 보물로 지정되어 있다. 2층 사면에 양각되어 있는 사방불은 동서남북 어디에나 부처님이 계신다는 것을 상징한다. 탑의 상륜부에 놓인 청동의 풍마동은 기존 석탑에서 볼 수 없는 양식이다. 원나라의 영향을 받은 것이라 전해지고 있다. 임진왜란 때 탑이 무너지면서 안에 든 보물을 도난당했다. 그러나 1972년에 수리하는 과정에서 동제 은입사향로와 문고리를 발견하였다.

대광보전 옆으로 백범당과 백범 김구 선생의 은거를 기념하는 향나무가 있다. 백범당에는 1946년, 백범 선생이 임시정부 요원들과 마곡사를 방문해 찍은 빛바랜 사진이 있다. 사진 앞에 서면 경건한 마음과 함께 눈시울이 붉어진다.
대웅보전은 2층으로 되어 있어 더 없이 웅장하다. 조선 중기의 사원건축 양식을 이해할 수 있을 뿐 아니라 단청이 너무나 아름답다. 현판은 신라의 명필이었던 김생(金生)의 글씨이다. 건물의 기둥을 안고 한 바퀴 돌면 6년을 장수한다는 전설이 전해지기도 한다.
내부에는 석가모니불과 아미타불, 약사불이 봉안되어 있다. 산의 정기와 부처님의 자비가 마곡사를 지켜내고, 나아가 대한민국에게 광복의 길을 열어주었으리라.
마곡사의 건물 중 가장 오래되었으며 영험한 기운이 응집되어 있다는 영산전 역시 보물로 지정되어 있다. 조선 중기의 목조건축 양식을 대표하는 귀한 건물이기 때문이다. 영산전(靈山殿)이라 적힌 현판은 세조가 김시습을 만나기 위해 왔다가 만나지 못하고 돌아가면서 남긴 필적이다. 세조가 마곡사에

올 때 타고 왔던 세조대왕연(시도민속자료 14호)도 보관되고 있다. 만나고자 했던 김시습이 없었던 터라, '김시습이 나를 버렸으니 가마를 타고 갈 수 없다.'고 하여 두고 간 것이라 한다. 현판 한쪽에는 '세조대왕어필'이라 쓴 방서도 있다.

영산전 옆에는 벽안당과 매화당이 있으며 그 밖에도 염화당, 연화당, 매화당 등 승려가 거처하는 요사채가 있다. 이 밖의 중요문화재로는 보물 제269-1호로 지정된 감지은니묘법연화경 권1과 보물 제270호로 지정된 감지금니묘법연화경 권6, 보물 제1260호 공주 마곡사 석가모니불괘불탱, 충청남도 유형문화재 제20호인 마곡사 동제 은입사향로, 충청남도 유형문화재 제62호인 마곡사 동종 등이 있다.

이렇듯 다양한 문화재를 품고 있으니, 마곡사 자체가 보물이자 다양한 보석이 담긴 거대한 보석함이다. 아름다운 보석을 감상하며 소원성취의 기쁨도 누릴 수 있으니, 마곡사를 찾으면 그 옛날 삿자리를 정성껏 짜던 앉은뱅이처럼 간절한 마음으로 기도를 드려보자.

chapter 3

태화산, 대한민국 경쟁력을 견인할 인물을 품다

태화산, 돌아와 세상을 보니 모든 일이 꿈만 같다

천만년 오래도록 절이 있을 터, 삼재가 들지 못하는 곳 마곡사

깨달음이란 평생 동안 추구해야 할 善

부처님께 기도하여 얻은 귀한 아들, 자장율사

화합과 배려가 계룡산의 기운을 더하다

chapter 3
깨달음이란 평생 동안 추구해야 할 善

고려 중기 마곡사를 중창하고 대가람을 이루었던 지눌국사는 어떤 분이었을까? 구산선문(九山禪門) 중 사굴산파(闍崛山派)에 속했던 종휘(宗暉)를 은사로 모셨으며 8세의 나이에 승려가 되었다. 교종과 선종이 대립하고 무신정변으로 인해 사회가 혼란할 때 승과(僧科)에 급제한 지눌국사는 보제사(普濟寺)의 담선법회(談禪法會)에 모인 승려들과 함께 정혜결사(定慧結社)를 맺어 참선과 교학을 함께 수행할 것을 기약하였다.

아울러 나주 청량사에 머물면서 육조단경(六祖壇經)을 읽다가 첫 번째 깨달음을 얻었다. 육조단경은 중국 선종의 제6대 조사인 혜능의 저서였다. 따라서 지눌국사는 평생 동안 혜능을 스승으로 여겼다. 1185년 다시 경상북도 예천의 보문사로 옮겨 경전을 공부하던 중 화엄경(華嚴經)의 여래출현품(如來出現品)과 이통현(李通玄)의 신화엄경론(新華嚴經論)에서 '선과 교가

다르지 않다'는 두 번째 깨달음을 얻었다. 그 뒤 이를 집대성한 원돈성불론(圓頓成佛論)을 저술하였고, 실천의 방면에서 원돈신해문(圓頓信解門)을 제시하였다.

이윽고 지금의 팔공산에 있는 거주사로 옮겨, 담선법회에서 결사를 약속했던 승려들과 함께 권수정혜결사문(勸修定慧結社文)을 반포하였다. 허나 수백 명의 승려가 함께 수도를 해도 결사정신이 잘 지켜지지 않자 거조사를 떠나 지리산의 상무주암에서 은둔하며 홀로 수행에 정진하였다.

대혜어록(大慧語錄)을 공부하던 중 현실참여적인 보살행에 대한 세 번째 깨달음을 얻었다. 이윽고 현재의 송광사를 중창한 뒤, 조계산 수선사로 이름을 고치고 새롭게 결사를 시작하였다. 이후 수선사를 중심으로 새로운 선풍을 일으키다가 1210년 나이 53세, 법랍 36세에 입적하였다.

36년이라는 긴 세월동안 승려로서 3번의 큰 깨달음을 얻은 지눌국사. 그 깨달음의 무게를 감히 짐작할 수는 없겠으나, 깊은 사유와 성찰의 산물인 만큼 우리의 삶을 올바른 방향으로 인도하리라 믿는다.

chapter 3

태화산, 대한민국 경쟁력을 견인할 인물을 품다

태화산, 돌아와 세상을 보니 모든 일이 꿈만 같다

천만년 오래도록 절이 있을 터, 삼재가 들지 못하는 곳 마곡사

깨달음이란 평생 동안 추구해야 할 善

부처님께 기도하여 얻은 귀한 아들, 자장율사

화합과 배려가 계룡산의 기운을 더하다

chapter 3
부처님께 기도하여 얻은 귀한 아들, 자장율사

마곡사를 창건한 신라시대의 고승 자장율사는 무림의 아들이다.

진골출신이었던 무림은 신라 17관등 중 제3위에 해당하는 소판의 관직에 있었다. 아들이 생기지 않아 대가 끊길 위협에 놓인 무림은 부처님께 "아들을 낳으면 시주하여 법해의 진량(津梁)이 되게 할 것"이라며 지극정성으로 기도를 드렸다.

그러던 어느 날 무림의 아내는 별이 떨어져 품안으로 들어오는 태몽을 꾸었고, 석가모니가 탄생한 4월 초파일에 자장을 낳았다. 지장은 어려서부터 천성이 밝고 지혜로웠다. 학문에 정진했으나 어버이를 여읜 뒤 처자를 버리고 세속을 떠나 깊은 산으로 들어가 고골관(枯骨觀)을 닦았다. 인생의 무상함이 마른 뼈와 같다 여기며 수련을 한 것이다. 조그만 집을 지어 가시덤불로 두르고 벗은 몸으로 그 속에 앉아 있었다. 조금만 움직여도 가시에 찔리기 때문에

끈으로 머리를 천장에 매달아 정신을 집중하기도 하였다.

그 과정에서 조정의 재상 자리가 있었으나 부름에 응하지 않았다. 왕은 어명을 거역하면 목을 벤다고 말했지만 끝끝내 고집을 꺾지 못했다. 수행에 전념하라는 왕의 허락이 떨어진 뒤에는 더욱 더 깊은 산 속으로 들어가 수행에 전념하였다. 그 무렵 자장율사가 꿈을 꾸었는데 새 한 마리가 과일을 물고 와서 공양하였고, 천인(天人)이 와서 5계를 주었다고 한다.

이윽고 선덕여왕 재위 시절 승실 등 제자 10여 명과 함께 당나라로 건너가 문수보살이 머물렀다는 청량산에서 수련하였는데, 어느 날 한 장님이 그의 설법을 듣고 참회하자 곧 눈을 뜨게 되었다고 한다. 소문이 퍼지면서 그를 찾는 사람이 매일 1,000여명에 이르렀으니, 선덕여왕도 자장율사의 귀국을 정식으로 요청하게 되었다. 자장율사는 신라에 불상과 불경 등이 미비하다고 생각하며 대장경 한질과 번당(幡幢)·화개(華蓋) 등을 골고루 준비해 본국으로 돌아왔다.

그리고 원녕사를 다시 증축하고, <화엄경>을 강하였다.

화엄교법(華嚴敎法)을 천명할 때 52명의 여인이 나타나 법을 듣고 깨닫자 문인(門人)들이 그 수만큼의 나무를 심어 이적(異蹟)을 기념하였는데, 그 나무를 지식수(知識樹)라고 불렀다.

이렇듯 부처님께 지극정성으로 기도드려 얻은 귀한 아들 지장율사는 아버지의 약속대로 법해의 진량이 되었다. 마곡사를 창건하였고 화엄사상을 최초로 소개했으니 말이다. 부처님의 자비가 지장율사의 삶을 그리 이끈 것이다. 지장율사 자신도 법해의 진량이 되고자 했으니, 기도하여 얻은 자식은 기도대로 살아가는 모양이다. 자고로 귀한 자식을 원할 때 자신의 종교를 향해 지극정성으로 기도드리는 까닭이다. 절재전능하신 신과 부모의 정성이 만났으니 귀한 자식이 나오는 것도 당연한 일일 테다.

chapter 4 ◊◊◊◊◊◊◊◊◊◊◊◊◊◊◊◊◊◊◊◊◊◊◊◊◊◊◊◊◊◊

치유의 땅 속리산에서 감사와 상생을 배우다

법주사와 미륵부처, 나라를 구하고 한반도의 평화를 염원하다

조선의 임금들을 치유하다

보은이 품은 시인 오장환

◊◊◊◊◊◊◊◊◊◊◊◊◊◊◊◊◊◊◊◊◊◊◊◊◊◊◊◊◊◊

chapter 4
치유의 땅 속리산에서 감사와 상생을 배우다

산지승원에 가면 마음이 평온해진다. 여유롭게 흘러내리는 기와의 곡선, 나무에 여러 가지 빛깔로 전통문양을 그려놓은 아름답고 장엄한 단청, 고즈넉한 연못과 잔잔한 돌담을 보노라면 조상들의 멋스러움과 풍유가 느껴지기 때문이다. 과연 그 시절에도 사람들을 힘들게 하는 마음의 병이 존재했을까 궁금증마저 생긴다.

허나 조금만 더 생각해보면 알 수 있다. 남존여비사상과 신분제도가 엄격했으니, 저마다 가슴에 병이 있었을 테다. 의학도 오늘날처럼 발달하지 않아, 크고 작은 질병에 시달렸을 테다. 치유의 기운이 흐르는 땅을 찾아 사람들이 모여들었던 까닭이다.

그 가운데 속리산은 육체의 질병뿐 아니라 마음의 병까지 치유하는 영험한 힘이 있다. 따라서 몸과 마음이 힘들 때면 잠시 하던 일을 멈추고 속리산

여행을 떠나길 권한다. 드넓게 펼쳐진 숲, 푸르른 하늘을 향해 곧게 뻗은 나무, 나무들 사이로 부서지는 햇빛을 보고 있노라면 살아 있는 지금 이 순간이 행복이라는 사실을 깨닫게 된다. 자연의 위대함 앞에서 겸손함과 감사함을 배우게 되는 것이다. 이것이 바로 속리산의 영험함이다. 땅이 전하는 치유의 손길 안에서 몸은 건강해지고 정신은 맑아진다. 산란했던 마음이 평화로워지는 것이다.

또 산세가 깊어 등산을 하기에도 매우 멋진 산이다. 해발 1,058m 높이의 속리산은 태백산맥에서 남서 방향으로 뻗어 나온 소백산맥 줄기 가운데 위치해 있다. 화강암을 기반으로 하기 때문에 깊은 계곡과 높은 봉우리를 이루고 있어, 정상에서 보는 풍경은 이루 말할 수 없이 아름답다.

천왕봉을 중심으로 비로봉, 길상봉, 문수봉, 보현봉, 관음봉, 묘봉, 수정봉 등 8개의 봉우리로 이루어져 있어 멀리서 보면 바위산처럼 보인다. 그러나 봉우리 가까이 다가가보면 바위 틈새로 작은 풀들이 한 가득 돋아나 있는 것을 볼 수 있다. 속리산을 가득 메우고 있는 거대한 거목과는 또 다른 아름다움을 자아낸다. 한없이 연약해 보이는 들꽃이 무슨 수로 바위 틈 사이에 뿌리를 내리고, 새싹을 틔웠을까?

푸르른 하늘을 향해 나아가고 싶다는 새싹의 의지와 속리산 전반으로 흐르는 강인한 생명의 힘 덕분일 테다. 이를 통해 나는 또 한 번 어떻게 살아야하는지 배운다. 바람이 부는 것에, 햇빛이 비치는 것에, 온 세상을 촉촉이 적시는 단비가 내리는 것에 감사하며 척박한 환경을 탓하지 말아야 한다고 말이다. 그리 살아가는 들꽃만이 하늘을 향해 기지개를 펼 수 있기 때문이다.

까막딱따구리와 하늘다람쥐 등 천년기념물로 지정된 동물들도 속리산을 터전 삼아 살아가고 있다. 이름 그대로 온 몸이 흑색인 까막딱따구리는 머리 위에 붉은 깃털이 마치 왕관처럼 자리 잡고 있다. 날개를 활짝 펴고 하늘 높이 날아오르는 모습을 볼 때면 괜스레 좋은 일이 생길 것 같은 기분 좋은 예감이 든다. 속리산이 가진 치유의 능력이 내 마음을 극락으로 이끈 덕분이리라.

봄에는 산벚꽃이 장관을 이루고 여름에는 무성한 녹음이 싱그러움을 전한다. 가을의 속리산은 그야말로 한 폭의 풍경화라 해도 과언이 아니다. 오색으로 물든 단풍은 보고 있는 것만으로도 행복해진다. 겨우내 눈이 내려도 등산로를 잘 닦아 놓아, 설경을 감상할 수 있다.

속리산국립공원에는 화양동도립공원, 쌍곡계곡을 비롯해 조선 후기의 문신 송시열(宋時烈)이 은거하며 필적을 남긴 화양구곡(華陽九曲)이 있다. 송시열은 1649년에 효종이 즉위하자, 지난날 스승과 제자였던 인연을 토대로 존재감을 드러내며, 조선을 유교의 나라로 만들었다. 그러나 효종의 죽음과 함께 송시열의 존재감도 희미해졌다. 현종에게 실망했던 송시열은 마침내 벼슬을 버리고 화양동으로 은거했다. 산수를 즐기며 제자들을 길렀던 곳이 바로 화양구곡이었다. 화양천을 중심으로 약 3km에 걸쳐 아홉 계곡이 펼쳐져 있다고 하여 화양구곡인데, 발길 닿는 곳마다 아름답기 그지없다.

시원하게 흐르는 계곡의 물소리를 들으며 앞으로 나아가다보면 몸과 마음이 치유되지 않을 수 없다.

계곡 중심에 있는 제4곡은 금싸라기와 같은 모래가 있다고 하여 금사담(金沙潭)이라 부른다. 송시열이 학문을 연마했던 암서재(巖棲齋)도 만날 수 있다. 그 아래 바위에는 '명나라 황제가 사는 곳의 구름은 끊어지고, 주자가 살던 무이산은 비었다'라는 뜻의 창오운단 무이산공(蒼梧雲斷 武夷山空)이라는 문구가 새겨져 있다. 명나라를 숭상하고 청나라를 배척하자는 의미다.

이외에도 근처 암벽에는 충성과 효도의 중요성을 강조한 충효절의(忠孝絶義), 예가 아니면 행하지 않는다는 뜻의 비례부동(非禮不動)이 새겨져 있다. 나라에 충성하고 부모님께 효도하며 인간으로서의 예를 갖추어야 한다는 뜻이다. 나라에 충성하지 않고 부모님께 효도하지 않으면 인간으로서 예를 갖추지 않는다는 것은 금수와 바를 바 없으니 몸과 마음이 건강할 수 있겠는가. 제5곡은 첨성대(瞻星臺)라 부른다. 성운을 관측하기 위해 바위를 층층이 쌓아 올랐다는 뜻이다. 제6곡 능운대(陵蕓臺)이다. 바위의 모습이 구름에 닿을 듯 높이 솟아 있어 마치 장군의 능과 닮았다고 하여 붙여진 이름이다. 제7곡은 용이 누워 있는 것처럼 보이는 긴 바위라는 뜻의 와룡암(臥龍岩)이다. 제8곡 학소대(鶴巢臺)는 백학이 바위에 둥지를 틀고 새끼를 낳아 길렀다고 한다. 이렇듯 가는 곳마다 수려한 경관과 신비로운 역사의 흔적을 엿볼 수 있어 대한민국 명승지로 사랑받고 있는 것이다.

속리산에는 조선 중기의 문신 이황(李滉)이 찾았다는 선유동구곡 (仙遊洞九曲) 도 있다. 이 또한 마음을 빼앗길 정도로 아름답다.

[속리산에서 _ 나희덕]

가파른 비탈만이

순결한 싸움터라고 여겨 온 나에게

속리산은 순하디 순한 길을 열어 보였다

산다는 일은

더 높이 오르는 게 아니라

더 깊이 들어가는 것이라는 듯

평평한 길은 가도 가도 제자리 같았다

아직 높이에 대한 선망을 가진 나에게

산은 어깨를 낮추며 이렇게 속삭였다

산을 오르고 있지만

내가 넘는 건 정작 산이 아니라

산 속에 갇힌 시간일 거라고,

오히려 산 아래에서 밥을 끓여 먹고 살던

그 하루 하루가

더 가파른 고비였을 거라고,

속리산은

단숨에 오를 수도 있는 높이를

길게 길게 늘여서 내 앞에 펼쳐 주었다

chapter 4

치유의 땅 속리산에서 감사와 상생을 배우다
법주사와 미륵부처, 나라를 구하고 한반도의 평화를 염원하다
조선의 임금들을 치유하다
보은이 품은 시인 오장환

chapter 4
법주사와 미륵부처, 나라를 구하고 한반도의 평화를 염원하다

속리산은 법주사를 비롯해 여러 암자가 있어 1970년에 국립공원으로 지정되었다. 천년고찰인 법주사는 신라 진흥왕 때 의신조사가 창건하였다. 천년고찰답게 곳곳에 문화재가 있다. 쌍사자 석등, 석련지 등의 국보와 사천왕 석등, 마애여래의좌상, 대웅보전, 소조비로자나삼불좌, 목조관음보살좌상 등의 보물이 가득한 것이다. 역사의 흔적이 고스란히 묻어 있는 보물들을 보고 있으면 마치 신라시대로, 조선시대로 시간여행을 떠난 것 같은 착각을 불러일으킨다. 거대한 보석함 안을 거닐고 있다는 생각마저 든다. 시선 닿는 곳마다 귀한 보석들이 가득하니 말 그대로 눈이 호강을 한다. 조상들의 숨결이 국보와 보물을 통해 전해진 것일까. 법주사를 거닐다보면 문득 시간이 멈춰버린 것 같다. '빨리빨리'를 외치며 이리 뛰고 저리 뛰어 다녔던 시간들이 부질없게 느껴진다. 천년을 한결같이 속리산을 지키고 있는 법주사를 보며 느긋해지는 법을 배우는 것이다. '서두르지 말고 천천히 더 천천히 나만의 속도로 나아가자' 다짐한다.

그 가운데 법주사에서 가장 눈길을 끄는 것은 단연 동양 최대의 미륵불 입상이다. 그 높이가 무려 33m에 달한다. 웅장함에 압도당해, 앞을 지나칠 때면 절로 합장을 하며 예를 갖추게 된다. 최초의 불상은 신라 제36대 혜공왕 때 승려인 진표가 청동으로 주조했다고 전해진다. 그로부터 1000여 년 간 유지되었으나 조선시대 후기 흥선대원군이 당백전(當百錢)을 만들기 위해 훼손하였다. 당백전이란 조선후기 흥선대원군의 세도정치로 인해 정부의 재정이 악화되자 이를 해결하기 위해 일시적으로 발행한 화폐다. 명당을 찾겠다며 가야사를 불태운 것도 모자라 불상을 녹여 화폐를 만들었으니, 부처님의 진노를 어찌 피해갈 수 있었겠는가.

흥선대원군의 아들 고종황제는 나라를 빼앗긴 비운의 왕이 되어 치욕의 날들을 보내야만 했다. 백성들의 삶은 또 어떠했는가? 조선의 불행이 흥선대원군의 업보 탓이라 단정 지을 수는 없지만 그럼에도 불구하고 흥선대원군의 그릇된 욕심이 화가 되지는 않았을까 추측해본다. 인간의 욕심이 도를 넘어선다면 언제나 그렇듯 화근이 되어 돌아오기 때문이다.

1939년도에 이르러 조각가 김복진은 독립에 대한 염원을 살려, 사실주의적 기법 아래 신라시대 불상을 재현한 대불을 제작하였다. 다만 시멘트를 사용한 탓에 오랜 세월동안 비바람과 풍파를 겪으며 대불은 조금씩 훼손되어갔다. 원형을 유지하면서 청동불상으로 다시 제작하였으나 이 또한 시간이 흐르면서 부식되었으니, 2000년부터 불상에 금박을 입히는 개금불사(改金佛事)로 새롭게 태어났다.

맞은편에 위치한 5층목탑 팔상전 또한 법주사를 상징하는 대표적인 유물이다. 1962년 12월 20일 국보 제55호로 지정된 팔상전은 우리나라 유일의 목조 5층탑이다. 정유재란 당시 불에 타 소실되었으나 선조 재위시절인 1605년부터 공사를 시작해 1626년에 완성되었다. 이윽고 1968년의 해체 복원 공사를 거쳐 현재의 모습이 되었다. 벽의 사방에 각 면 2개씩 모두 8개의 변상도(變相圖)가 그려져 있어 팔상전이란 부르는데, 석가모니의 일생을 여덟 폭의 그림으로 나누어 그린 것이다.

불상과 팔상도를 모시고 있는 공간 이외에도 사리를 모시고 있는 공간, 기도를 드리는 공간으로 이루어져 있다.

대웅보전은 1624년에 벽암이 중창할 때 건립한 것으로 총 120칸에 달하는 대규모의 건물이다. 다포식 중층건물로서 무량사 극락전, 화엄사 각황전 등과 함께 우리나라 3대 불전의 하나로 꼽히고 있다. 보물 제915호로 지정되어 있으며 내부에 모셔진 삼존불의 영험함이 나라를 지켜주고 있다. 삼존불 앞에서 기도를 드리다보면 한반도의 평화를 기원해주고 계심을 느낄 수 있다. 그러니 속리산은 치유의 땅이자 명예의 기운이 흐르는 땅인 게다.

능인전은 사리탑의 계단을 오르는 곳에 위치한 아담한 전각으로서 석가모니

불과 500나한을 안치하였다. 원통보전은 정방형의 특이한 건축양식의 건물로서 의신(義信)이 창건하고 진표가 중창하였으며, 벽암이 1624년에 삼창하여 오늘에 이르렀으니, 법주사의 굽이진 역사를 함께 이겨냈다고 봐도 무방하다. 안치되어 있는 관세음보살좌상은 머리에 수려한 보관을 쓰고 계신다. 엷은 미소가 인자한 거대 목상이다.

부처님께 모든 것을 의지하는 듯 향로를 머리에 받쳐 들고 있는 보살을 형상화한 석조희견보살상도 법주사의 귀한 보물이다. 큰 머리와 좁은 어깨, 짧은 상반신과 잘록한 허리가 특징인 석조희견보살상은 간결한 세부묘사 등을 토대로 후기 불교조각으로 추정된다.

보살상을 보고 있으면, 보살상의 목소리가 들려오는 것 같다.

"예나 지금이나 인간은 한없이 나약하여 부처님의 자비로움에 의지하지 않으면 어려움을 헤쳐 나갈 수 없다"고 말이다. 그러므로 매순간 겸손함을 깨닫고 나아가 감사해야 한다. 그런 의미에서 종교는 올바르게 살아가는 방향을 제시해주는 등불과 같다.

천년고찰을 품은 속리산을 비롯해 유네스코에 등재된 대흥사, 선암사, 마곡사, 통도사, 봉정사, 부석사에서 치유의 기운이 흐르는 까닭이다.

chapter 4

치유의 땅 속리산에서 감사와 상생을 배우다
법주사와 미륵부처, 나라를 구하고 한반도의 평화를 염원하다
조선의 임금들을 치유하다
보은이 품은 시인 오장환

chapter 4
조선의 임금들을 치유하다

고려후기 권문세족의 득세로 백성들의 삶은 나날이 피폐해졌고, 새로운 세상을 향한 열망은 커져만 갔다. 이에 태조 이성계는 아들 이방원과 함께 고려를 무너뜨리고 조선을 건국하였다. 고려의 마지막 왕, 공양왕을 폐위시킨 것도, 고려의 충신 정몽주를 제거한 이도 이방원이었기 때문이다. 그러나 어찌된 일인지 이성계는 개국공신이자 아들인 이방원을 권력에서 밀어냈다. 그의 야망과 잔혹함을 이용했으나, 동시에 두려워했던 것일 테다.

세자자리까지 막내 동생에게 밀린 이방원은 스스로 왕이 되겠다고 결심한 뒤 1차 왕자의 난이라 불리는 사건을 일으켰다. 넷째 형과 함께 개국공신이자 이성계의 총애를 한 몸에 받던 정도전을 제거한 것이다. 어디 그뿐인가. 세자로 책봉되었던 막내 동생과 그를 지지하던 형제자매까지 모두 제거하고 허수아비 왕을 세웠다. 이윽고 2차 왕자의 난이 또 다시 일어났으니, 음모를

꾸몄던 넷째 형과 이방원간의 권력 다툼이었다.

이 모든 사실을 알게 된 이성계는 괴로워했고 끊임없이 아들인 이방원을 제거하기 위해 애썼다. 아들을 죽이고 싶어 했던 아버지. 형제들을 죽여서 왕이 된 이방원. 그들은 스스로의 삶을 가리켜 행복했다 말할까, 불행했다 말할까?

아마도 불행했을 테다. 이를 증명이라도 하듯 태종은 속리산 법주사를 자주 찾았다고 한다. 속리산에 흐르는 치유의 손길이 필요했던 것이다. 법주사에 들렸다 돌아갈 때는 마음을 어지럽히던 번뇌에서 조금이나마 자유로워졌던 모양이다. 그곳을 보은이라 이름 지었기 때문이다. 세조 역시 마찬가지였다. 임금으로서 훌륭한 치적을 남겼을지라도 세조를 떠올리면 어린 조카를 시해하고 왕위를 빼앗은 인물로 기억된다. 단종을 지키려고 했던 수많은 신하들까지 무참히 죽였으니 어찌 죄책감이 없었겠는가.

마음의 병이 깊어 결국 육체의 병까지 앓게 되었던 세조는 그간에 저질렀던 모든 악행을 참회하기 위해 스승인 신미대사가 머물던 복천암을 자주 찾았다. 온 몸에 부스러기가 생겨 고생하였는데, 그 원인을 자신의 지난 악행에서 찾은 것이다. 세조가 걸터앉아 생각에 잠겼다고 하는 눈썹바위를 지날 때면 세조의 고뇌가 전해져오는 듯 하다. 세상은 속여도 자신은 속일 수 없으니, 결국 자신이 저지른 죄는 자신에게 되돌아오는 것이 이치다. 치유의 땅을 찾는 것보다 마음의 병이 생기지 않도록 노력하는 것이 훨씬 중요한 게다.

이러한 역사를 간직한 법주사이기에 복천암으로 가는 길을 가리켜 세조길이라 부른다. 아름다운 오솔길의 고즈넉한 풍경이 세조의 상처를 치유해주었으리라. 동시에 덧없는 욕심이 얼마나 부질없는지도 깨달았을 테다.

화무십일홍이라 하여 열흘 이상 붉은 꽃이 없다하지 않았던가. 녹음의 싱그러움을 보노라면 그 빛이 영원할 것만 같지만 계절이 바뀌면 어느덧 낙엽이 되어, 그 마저도 바스러져버리기 때문이다.

그러니 속리산에 흐르는 치유의 기운은 있는 그대로 자신의 삶을 받아들이기는 것에서부터 출발한다. 더 나은 삶을 위해 도전하는 것은 옳으나 그 안에 그릇된 욕심이 들어가서는 안 된다. 법과 원칙을 지키지 않고, 누군가의 것을 함부로 빼앗아서는 안 되는 것이다.

또한 마음의 상처를 씻어내기 위해서는 좋은 인연을 만나야 한다. 세조가 노년에 자신의 잘못을 참회할 수 있었던 것은 스승인 신미대사 덕분이었다. 신미대사를 만나기 위해 속리산을 드나들었으니, 이곳은 치유의 기운과 함께 인연의 기운이 흐른다.

인연의 기운이 흐르는 명당이라는 것은 그곳에서 귀인을 만나는 것만으로 의미하지 않는다. 땅의 기운이 너무 강하여 그곳에서 천생배필과 조우할 수도 있으나 언제, 어디서, 누구를 만나던 좋은 인연으로 승화될 수 있다. 땅의 기운이 내 안에 스며든 덕분이다.

그런 의미에서 나는 인연의 기운이 흐르는 땅이야말로 명당 중에 명당이라 생각한다. 세상 모든 일이 무릇 사람이 하는 것이기에 좋은 사람을 만나면 인생이 순조롭게 풀리고 풍요로워진다. 불가능한 일도 가능해진다. 반면에 악연이 계속된다면 곡간 가득 쌓아두었던 재물과 어렵게 얻은 명예가 한 순간에 사라져버린다. 부부의 인연도 마찬가지다. 바르고 선한 이와 백년해로를 한다면 시련이 닥쳐도 슬기롭게 이겨낼 수 있지만 어리석은 이와 부부의 연을 맺게 되면 눈 감는 순간까지 고통이 따른다. 누구와 인연을 맺고 살아가느냐에 따라 운명이 바뀐다는 뜻이니, 인연의 기운이 흐르는 땅이야말로 명당 중에 명당 아니겠는가.

법주사에 유독 문화재가 많은 것도 속리산과 법주사의 인연 덕분이다. 모진 풍파를 겪었음에도 불구하고 지금처럼 웅장한 모습으로 자리한 것은 속리산이 법주사를 끌어당기고 법주사가 속리산을 끌어당긴 결과다.

태종과 세조가 마음의 평화를 얻기 위해 법주사를 찾은 것 역시 속리산이 그들을 끌어당겨서다. 치유의 기운과 인연의 기운이 함께 흐르고 있다고 말하는 까닭이다.

그러니 이제부터는 속리산 산행을 마치면 만나는 모든 사람들이 귀인이라고 생각해보자. 속리산의 기운이 귀인을 끌어당긴다고 믿으면 만나는 모든 사람들을 귀히 여기게 된다. 배려하고 존중하는 사람을 내칠 사람 또한 없을 테니, 내가 베푼 선행이 결국 내 자신의 행복으로 되돌아오는 것이다.

chapter 4 ▨▨▨▨▨▨▨▨▨▨▨▨▨▨▨▨▨▨▨▨▨▨▨▨▨

치유의 땅 속리산에서 감사와 상생을 배우다
법주사와 미륵부처, 나라를 구하고 한반도의 평화를 염원하다
조선의 임금들을 치유하다
보은이 품은 시인 오장환

▨▨▨▨▨▨▨▨▨▨▨▨▨▨▨▨▨▨▨▨▨▨▨▨▨

chapter 4
보은이 품은 시인 오장환

속리산을 품은 보은군에는 민족시인 오장환의 문학관과 생가가 있다. 정지용을 만나 시를 배웠고 일제치하라는 암울한 시대배경에서 절필도, 친일의 시도 쓰지 않았던 시인. 미당 서정주와 둘도 없는 단짝이었지만 그가 친일의 시를 쓰면서 두 번 다시 만나지 않았다고 한다.

지난날 서정주의 시가 아름다울수록 그의 친일행적이 서글펐던 나에게 오장환의 강인한 시구절은 희망이었고 용기였다. 스스로를 탕아라 불렀지만 그는 가난한 사람의 고통을 가슴 깊이 이해했고 민족의 독립을 위해 노력했다. 신념을 굽히지 않았고 편안한 길을 걷기 위해 타협하지도 않았다. 사회주의적 성향이 강했던 탓에 결국 월북을 선택한 탓에, 이데올로기의 첨예한 대립 속에서 그의 시는 오랜 세월 금기시되었다. 다행히 이제는 그의 시를 사랑하는 것도, 그의 철학에 공감하는 것도 죄가 되지 않는 세상이

되었다.

이는 비단 나만의 생각이 아니다. 보은군에서도 오장환 문학제를 열어 그의 삶과 문학을 기리고 있다. 천재시인이라 불리던 그의 시를 마음껏 감상할 수 있게 되었으니, 감시와 제재가 없는 자유로운 사회에 살고 있음에 깊은 감사를 드린다.

[병든 서울 - 오장환]

8월 15일 밤에 나는 병원에서 울었다.

너희들은 다 같은 기쁨에 내가 운 줄 알지만 그것은 새빨간 거짓말이다.

일본 천황의 방송도, 기쁨에 넘치는 소문도, 내게는 곧이가 들리지 않았다.

나는 그저 병든 탕아(蕩兒)로 홀어머니 앞에서 죽는 것이 부끄럽고 원통하였다.

그러나 하룻 아침 자고 깨니 이것은 너무나 가슴을 터치는 사실이었다.

기쁘다는 말, 에이 소용도 없는 말이다.

그저 울면서 두 주먹을 부르쥐고 나는 병원을 뛰쳐나갔다.

그리고 어째서 날마다 뛰쳐나간 것이냐.

큰 거리에는, 네거리에는, 누가 있느냐.

싱싱한 사람 굳건한 청년, 씩씩한 웃음이 있는 줄 알았다.

아, 저마다 손에 손에 깃발을 날리며 노래조차 없는 군중이 만세로 노래를 부르며

이것도 하룻아침의 가벼운 흥분이라면, 병든 서울아, 나는 보았다.

언제나 눈물 없이 지날 수 없는 너의 거리마다 오늘은 더욱 짐승보다 더러운
심사에 눈깔에 불을 켜들고 날뛰는 장사치와 나다니는 사람에게 호기 있이 먼지를
씌워 주는 무슨 본부, 무슨 본부, 무슨 당, 무슨 당의 자동차.
그렇다. 병든 서울아, 지난날에 네가, 이 잡놈 저 잡놈 모두 다 술 취한 놈들과
밤늦도록 어깨동무를 하다시피 아 다정한 서울아.
나도 밑천을 털고 보면 그런 놈 중의 하나이다.
나라 없는 원통함에
에이, 나라 없는 우리들 청춘의 반항은 이러한 것이었다.
반항이여! 반항이여! 이 얼마나 눈물 나게 신명나는 일이냐

아름다운 서울, 사랑하는 그리고 정들은 나의 서울아
나는 조급히 병원 문에서 뛰어 나온다.
포장 친 음식점, 다 썩은 구루마에 차려 놓은 술장수 사뭇 돼지 구융같이 늘어선
끝끝내 더러운 거릴지라도 아, 나의 뼈와 살은 이곳에서 굵어졌다.
병든 서울, 아름다운, 그리고 미칠 것 같은 나의 서울아
네 품에 아무리 춤추는 바보와 술 취한 망종이 다시 끓어도 나는 또 보았다.
우리들 인민의 이름으로 씩씩한 새 나라를 세우려 힘쓰는 이들을.
그리고 나는 외친다.
우리 모든 인민의 이름으로 우리네 인민의 공통된 행복을 위하여

우리들은 얼마나 이것을 바라는 것이냐.

아, 인민의 힘으로 되는 새 나라

8월 15일, 9월 15일,

아니, 삼백예순날

나는 죽기가 싫다고 몸부림치면서 울겠다.

너희들은 모두 다 내가 시골구석에서 자식 땜에 아주 상해 버린 홀어머니만을 위하여 우는 줄 아느냐. 아니다, 아니다. 나는 보고 싶으다.

큰물이 지나간 서울의 하늘아 그때는 맑게 개인 하늘에 젊은이의 그리는 씩씩한 꿈들이 흰구름처럼 떠도는 것을.

아름다운 서울, 사모치는, 그리고, 자랑스런 나의 서울아,

나라 없이 자라난 서른 해 나는 고향까지 없었다.

그리고, 내가 길거리에서 자빠져 죽는 날, '그곳은 넓은 하늘과 푸른 솔밭이나 잔디 한 뼘도 없는' 너의 가장 번화한 거리 종로의 뒷골목 썩은 냄새 나는 선술집 문턱으로 알았다.

그러나 나는 이처럼 살았다.

그리고 나의 반항은 잠시 끝났다.

아 그 동안 슬픔에 울기만 하여 이냥 질척거리는 내 눈

아 그 동안 독한 술과 끝없는 비굴과 절망에 문드러진 내 쓸개

내 눈깔을 뽑아 버리랴, 내 쓸개를 잡아떼어 길거리에 팽개치랴.

[오장환 - 나의 노래]

나의 노래가 끝나는 날은

내 가슴에 아름다운 꽃이 피리라.

새로운 묘에는

옛 흙이 향그러

단 한 번

나는 울지도 않았다.

새야 새 중에도 종다리야

화살같이 날아가거라

나의 슬픔은

오직 님을 향하여

나의 과녁은

오직 님을 향하여

단 한번

기꺼운 적도 없었더란다.

슬피 바래는 마음만이

그를 좇아

내 노래는 벗과 함께 느끼었노라.

나의 노래가 끝나는 날은

내 무덤에 아름다운 꽃이 피리라.

chapter 5

영축산을 오르며, 명예로운 삶에 대해 생각하다
부처님과 통하였다, 통도사
하루하루의 기록이 역사가 된다
정성을 다하면 뜻을 이룰 수 있다
나라를 지키고 나라를 구하다
아름답고 서정적인 동시로 조국의 광복을 기원하다
명예의 명당에서 역사와 문화의 소중함을 깨닫다

chapter 5
영축산을 오르며, 명예로운 삶에 대해 생각하다

세상에서 가장 귀한 것은 무엇일까?

건강을 잃으면 모든 것을 잃어버리게 될 테니, 건강이 가장 중요할 테다. 육신의 건강 못지않게 정신의 건강도 중요하다. 옳고 그름을 헤아리고, 욕심을 경계하며 세상을 긍정적인 방향으로 바라볼 수 있어야 한다. 그렇게 하루하루 최선을 다하다보면 뜻한 바를 이룰 수 있다. 명예로운 삶을 살 수 있게 되는 것이다.

명예로운 삶이라고 하여 많은 사람들에게 존경받고 후세까지 이름을 알려야 한다는 것은 아니다. 주위 사람들에게 모범이 되는 삶을 산다면 충분히 명예로운 삶이다. 혹여 마음밭이 심란하여 옳고 그름을 헤아리지 못하고 세상을 부정적으로 바라보고 있다면 영축산에 오르길 권한다. 경상남도 양산시 하북면과 원동면에 걸쳐 있는 영축산은 경관이 수려하여 바라보는

것만으로도 마음이 편안해진다. 명예의 기운이 흐르고 있어 입신양면의 뜻을 이루기도 용이하다. 그도 그럴 것이 '영축'이라는 이름은 석가모니가 화엄경을 설법한 고대 인도의 마가다국에 있던 산 이름에서 유래되었다. 부처님의 깨달음과 혜안이 곳곳에 깃들어 있으니, 어찌 명예의 기운이 흐르지 않겠는가. 영축산에 오르다보면 절로 욕심이 비워지는 까닭이다. 어느 한 곳으로도 치우치지 않는 중용의 자세를 배우게 되니 그 삶은 언제, 어디서나 존경받게 된다.

한편으로는 영축산의 독특한 지형이 중용의 의미를 가르쳐주고 있다는 생각이 든다. 동쪽 사면은 깎아지른 듯 급경사인 반면에 서쪽 사면은 상대적으로 완만한 경동 지형을 이루고 있다. 동쪽으로 오르는 길은 고행과도 같지만 정상에 섰을 때 느끼는 감동이 배가 된다. 서쪽은 동쪽에 비해 조금은 수월하게 정상에 오를 수 있으니 이 또한 반가운 일이다. 세상 그 무엇도 나쁘지 않다는 것을 알게 되는 것이다.

동쪽과 서쪽 어느 곳을 선택하든 정상에 오르면 광활한 능선이 펼쳐진다. 그 안에 빼곡하게 들어선 억새는 그야말로 장관이다. 고행과도 같은 산행을 오른 사람만이 느낄 수 있는 벅찬 감격이다. 어느 산이나 마찬가지이지만 능선의 끝자락은 천 길 낭떠러지로 이어진다.

그 모습 또한 교만하지 말라 이른다. 정상에 올랐다고 하여 조심하지 않고, 천방지축으로 뛰어다니면 천길 나락으로 떨어질 수 있기 때문이다. 어디 그뿐인가. 정상에 오르면 그 다음에는 내려가야 한다. 혹여 정상에 계속 있고 싶다는 욕심에 내려오기를 주저한다면 결국 때를 놓치게 된다. 한 겨울 함박눈이라도 내리면, 온 세상이 꽁꽁 얼어버릴 테니 내려오고 싶어도 내려올 수 없지 않겠는가. 주위를 둘려보면 곁에 아무도 없음을 알게 될 것이다. 설상가상으로 추위와 배고픔에 지칠 텐데, 정상에 있다한들 무슨 소용이 있겠는가.

올라가면 내려가는 것이 자연의 이치라는 뜻이다. 정상에 오르지 못했다고 하여 신세를 한탄할 필요도 없거니와 정상에 섰다고 하여 교만해서도 안 되는 까닭이다.

이를 깨닫고 일희일비 하지 않으면 그 삶은 충분히 명예롭다.

물론은 감정을 절제하지 않고 마음 내키는 대로 살면 훨씬 행복하다. 잠시잠깐은 말이다. 그러나 주위를 배려하지 않고 자신의 감정만 중시하면 곁에 있던 사람들이 하나둘씩 떠난다. 감정을 절제하는 사람만이, 겸손하고 감사할 줄 아는 사람만이 주위 사람들에게 사랑받고 존중받으며 나아가 존경받게 된다. 그것이 바로 명예롭게 사는 방법이자 영축산이 가르쳐주는 지혜인 게다.

chapter 5

영축산을 오르며, 명예로운 삶에 대해 생각하다
부처님과 통하였다, 통도사
하루하루의 기록이 역사가 된다
정성을 다하면 뜻을 이룰 수 있다
나라를 지키고 나라를 구하다
아름답고 서정적인 동시로 조국의 광복을 기원하다
명예의 명당에서 역사와 문화의 소중함을 깨닫다

chapter 5

부처님과 통하였다, 통도사

영축산은 한반도의 등줄기라 불리는 태백산맥이 남쪽으로 뻗어 내려가다가 경상남도와 경상북도의 경계에서 다시 한 번 힘차게 솟아오른 산이다. 산세가 높고 아름다워 영남의 알프스라 부른다. 알프스 산맥을 넘어본 적이 없어 섣불리 말할 수는 없으나, 필시 알프스보다 아름답고 유서 깊은 산이라 생각한다. 산줄기 전체로 흐르는 명예의 기운이 삶을 올바른 방향으로 이끌어주기 때문이다. 영축산 내 자리 잡은 통도사에도 명예의 기운이 흐른다.

예로부터 귀한 자식을 얻기 위해 통도사에 머물며 부처님께 지극정성으로 기도 드렸던 까닭이다. 부처님의 자비로움과 통도사에서 흐르는 명예의 기운이 만나 나라를 구하는 귀한 인물을 점지해주는 것이다.

강한 믿음은 결국 현실이 된다. 통도사에서 점지해준 귀한 자식이라고 믿는

순간, 자식을 바라보는 부모의 눈에는 긍정이 가득해진다. 단점보다는 장점이 잘 보일 테니 칭찬과 격려를 아끼지 않게 되는 것이다. 부모의 칭찬과 격려를 받으며 자란 아이는 자존감이 높고, 세상을 낙관적으로 바라본다. 뜻한 바를 이룰 수 있는 힘이 생긴다는 뜻이다.

다만 통도사에 다다르면, 구태여 마음을 바꾸기 위해 노력하지 않아도 저절로 감사하는 법을 깨닫게 된다. 그것이 바로 명당이 가진 힘이기 때문이다.

통도사 역시 오랜 세월 우리나라를 지켜온 천년고찰이다. 삼국유사에 따르면 신라시대 선덕여왕 재위 시절, 자장율사가 당나라에서 가져온 부처 사리와 금실을 넣고 짠 베로 만든 가사, 대장경을 봉안한 뒤 창건하였다. 통도사의 역사를 정리한 서적 '통도사사리가사사적약록'에도 비슷한 시기에 자장율사가 연못을 메우고 절을 세웠다고 나온다. 이러한 역사를 간직한 통도사이기에 부처님의 진신사리(眞身舍利)를 모신 불보사찰(佛寶寺刹)로 유명하다. 진지사리란 부처님의 몸에서 나온 사리이며 그 사리가 봉안된 적멸보궁은 부처님의 참 몸이 계신 곳이다. 그래서 부처님의 진신사리가 모셔진 통도사를 불보사찰이라고 부르는 것이다. 불보란 불교에서는 믿고 의지할 보배 세 가지(三寶) 가운데 하나를 뜻한다. 불보(佛寶), 법보(法寶), 승보(僧寶)가 이에 해당하는데 두려움과 번뇌에서 벗어나 진리를 깨달아가는 것은 보배로운 일이며 이를 위해서는 부처님과 부처님의 가르침인 법보를 굳게 믿어야 한다는 가르침이다.

적멸보궁의 적멸은 열반을 의미한다. 금강계단이라고 하는데 다이아몬드처럼 단단하여 어떤 것으로도 깰 수 없는 상태를 가리킨다. 열반의 경지에 다다르면 번뇌와 망상에 사로잡힐 리 없다는 의미다. 부처님의 진신사리가 봉안되어 있어 대웅전에는 불상을 모시지 않았다. 불상은 보이지 않지만 부처님이 계신다고 믿으며 불단에 촛불을 켜고 향을 올린 뒤 사리탑을 향해 절을 드린다.

부처님의 뜻을 따르는 승려가 되고 싶다면 또는 부처님을 따르는 불자가 되고 싶다면 금강계단을 통과해야 한다. 그래서 통도사라 이름 짓게 되었다.

대방광전 앞에 있는 작은 연못과 다리도 고즈넉한 정취를 자아낸다. 이 연못은 구룡지라 부르는데 '통도사사리가사사적약록'에 기록되었듯 통도사 창건에 얽힌 전설이 숨겨져 있다.

자장율사가 당나라 종남산 운제사 문수보살상 앞에서 기도를 할 때 문수보살이 승려로 변하면서 진신사리 100알과 가사, 경전, 염주 등을 주었다.

뒤이어 신라의 영축산에 독을 품은 용 아홉 마리가 살고 있는데 백성들에게 해를 끼치고 있으니 연못을 메워 금강계단을 세우고 진신사리와 가사 등을 봉안하라고 전했다. 그 과정에서 다섯 마리는 오룡동으로 가고, 세 마리는 삼동곡으로 갔으나 한 마리는 통도사에 남아 터를 지키고 싶다 하였고, 지장율사가 그 뜻을 받아들여 연못을 메우지 않고 남겨두었다는 것이다.

자장율사는 왜 백성들에게 해를 끼치는 용의 뜻을 들어준 것일까? 해를 끼친

용까지 사랑으로 감싸 안아주는 것이 부처님의 뜻이라 여겼기 때문이다. 부처님과 통하여 열반에 이르렀으니, 용의 진심 또한 헤아릴 수 있었던 것이리라.

chapter 5

영축산을 오르며, 명예로운 삶에 대해 생각하다
부처님과 통하였다, 통도사
하루하루의 기록이 역사가 된다
정성을 다하면 뜻을 이룰 수 있다
나라를 지키고 나라를 구하다
아름답고 서정적인 동시로 조국의 광복을 기원하다
명예의 명당에서 역사와 문화의 소중함을 깨닫다

chapter 5
하루하루의 기록이 역사가 된다

통도사의 가람배치는 신라시대의 전통 법식에서 벗어나 냇물을 따라 동서로 길게 향한다. 서쪽부터 가람의 중심이 되는 상로전(上爐殿)과 중로전(中爐殿), 하로전(下爐殿)으로 이어진다. 그 끝에 보광선원(普光禪院)이 있다.

동쪽에서 보자면 일주문(一柱門), 천왕문(天王門), 불이문(不二門)이 있고 이를 통과하면 비로소 금강계단에 이르게 된다. 금강계단에 다다르면 부처님과 통할 수 있다고 하니, 종교의 다름을 넘어 두 눈을 감고, 부처님의 뜻을 헤아려보자. 어느 한 쪽으로 치우치지 않는 중용을 깨달을 수 있게 될 것이다. 그리하여 일희일비하지 않는다면 평정심을 유지하게 될 테니 실수가 줄어든다. 이는 다툼과 갈등이 줄어든다는 것을 의미하므로 삶 또한 보다 평온해지는 것을 의미한다.

주위 사람들과 좋은 인연을 쌓아갈 수 있다면, 그 삶이 얼마나 명예롭겠는가.

그렇다고 하여 시련이 없는 것은 아니다. 통도사에 부처님의 진지사리가 봉안되어 있다고 하여 세월의 풍파까지 빗겨나간 것은 아니기 때문이다.

금강계단 앞에 자리한 대웅전은 임진왜란 때 화마로 소실되었다. 인조재위 시절인 1645년 우운(友雲)이 중건하여 오늘에 이르게 되었다.

일주문은 1305년 충렬왕 재위 시절에 창건되었다. 현존하는 현판은 대원군의 필적이며, 기둥 좌우의 '불지종가 국지대찰(佛之宗家 國之大刹)'은 김규진(金圭鎭)의 글씨이다. 불이문은 1305년에 창건되었으며, 편액 '불이문(不二門)'은 송나라 미불(米芾)의 필적이다. 건물은 매우 단조로우며 중앙 대들보 대신 코끼리와 호랑이가 서로 머리를 받쳐 지붕의 무게를 유지하고 있어, 신비로움을 자아낸다.

관음전은 1725년 용암(龍岩)에 의해 창건되었으며, 관음보살좌상이 봉안되어 있다. 용화전은 1369년에 창건되었고, 1725년 청성(淸性)이 중건하였다. 용화전에 들어서면 2m에 달하는 웅장한 미륵좌상을 만날 수 있다. 미륵좌상의 인자하면서도 근엄한 모습을 보고 있노라면 저절로 마음이 편안해진다. 대광명전은 중로전에서 가장 웅장한 건물로 정면 5칸, 측면 3칸이며 비로자나불상을 봉안하고 있다.

세존비각은 1706년에 건립된 사바교주 석가여래 영골부도비의 비각이다. 내용을 살펴보면 자장율사가 가져온 불사리·가사 등에 관한 내용과 임진왜란 당시 사리 수호에 따르는 수난의 사실들을 기재하였다. 수백 년 전의 일들이 자세히 기록되어 있다는 사실에 경외감을 느낀다. 하루를 살아도 부끄럽지 않게, 진실하게 살아야 한다는 사실을 깨닫게 되는 것이다.

이 밖에도 통도사에는 유서 깊은 석조물이 있다. 1085년에 조성된 배례석은 길이 175㎝, 너비 87㎝의 판석으로 3절 되었으며, 상면에는 아름다운 연화문과 운문으로 조각되었다.

배례석이란 국왕배례지석(國王拜禮之石)이라는 상징적 조형물로서 신라시대 사찰에서 자주 볼 수 있다.

배례석 바로 옆에 있는 삼층석탑은 신라말기와 고려 양식이 혼재되어 있어 조성시기를 정확히 알 수 없다. 그러나 그것이 뭐 그리 중요하겠는가. 오랫동안 한 자리에 머물며 통도사를 찾은 중생들을 굽어 살펴주고 있다 믿으면 한 없이 귀한 보물이다.

chapter 5

영축산을 오르며, 명예로운 삶에 대해 생각하다
부처님과 통하였다, 통도사
하루하루의 기록이 역사가 된다
정성을 다하면 뜻을 이룰 수 있다
나라를 지키고 나라를 구하다
아름답고 서정적인 동시로 조국의 광복을 기원하다
명예의 명당에서 역사와 문화의 소중함을 깨닫다

chapter 5
정성을 다하면 뜻을 이룰 수 있다

지극정성으로 기도드리면 부처님의 가호가 함께하기에 소원이 이루어진다. 특히 통도사의 산내 암자인 자장암에서 기도를 드리면, 뜻한 바를 모두 이룰 수 있다. 왜냐하면 법당 뒤 절벽 바위에 영험한 힘을 가진 금개구리가 살고 있기 때문이다. 자그마치 1,400년이나 자장암을 지키며 소원을 이뤄주고 있는 것이다.

금개구리가 처음으로 모습을 나타낸 것은 자장율사가 통도사를 세우기 전, 석벽 아래 움집을 짓고 생활할 때였다. 공양미를 씻기 위해 암벽 아래 석간수가 흘러나오는 옹달샘으로 나간 자장율사는 바가지로 막 샘물을 뜨려던 순간 손을 멈췄다. 개구리 한 쌍이 헤엄치며 샘을 흙탕물로 만들어놓았기 때문이다. 스님은 개구리 한 쌍을 두 손으로 건져 근처 숲속에 옮겨 놓았다. 이윽고 다음 날 아침 해가 밝았다. 옹달샘으로 나간 스님은 어제의 개구리가 다시 샘물에서 헤엄치며 노니는 모습을 보았다. 스님은 다시 두 손으로 개구리 한 쌍을 샘물에서 꺼내, 아주 먼 곳에 옮겨 놓았다. 그러나 다음 날에도 어김없이 개구리들은 옹달샘에서 유유히 헤엄을 치고 있었다. 이상하게 여긴 스님은 개구리를 꼼꼼히 살펴본 뒤 입과 눈가에 선명한 금줄이 있고 등에 거북무늬가 있다는 사실을 알게 되었다. 불교와 인연이 깊은 개구리임을 직감한 뒤 샘에서 살도록 하였다. 한 겨울이 되어도 개구리는 좀처럼 옹달샘을 떠나지 않았다. 샘물이 꽁꽁 얼어붙기 시작할 때쯤 스님은 개구리들을 위한 안전한 거처를 마련하고자 절 뒤에 세운 암벽을 손가락으로 찔러 두 개의 구멍을 뚫고 그 안에 개구리를 넣어 주었다. 그 뒤 통도사 스님들은 이 개구리를 금와보살, 바위를 금와석굴이라 불렀으니, 금와보살이 된 개구리가 영원불사의 생명을 갖고 자장암을 지켜주고 있는 것이다.

금와보살의 영험한 힘 덕분일까. 자장암을 다녀오면 몸과 마음이 평온해지고 계획했던 일들이 술술 풀린다. 영축산 전역으로 흐르는 명당의 기운이 자장암에 응축되어 있음을 느낀다.

명당이라 금개구리가 탄생한 것인지, 금개구리가 살고 있어서 명당이 되었는지는 알 길이 없으나 한 가지 확실한 것은 명당과 귀한 인연은 하나로 이어져 있다는 것이다. 명당의 기운이 귀한 인연을 끌어당긴 것일 수도 있고 귀한 인연을 만나 명당이라 부를 수도 있다는 뜻이다.

금와보살은 팔만대장경과도 인연이 깊다. 당시 여든이 다 된 용익스님은 팔만대장경을 좋은 종이에 탁본하여 모실 수 있기를 발원하며 통도사 큰 법당에서 백일기도를 올렸다. 몽골의 침입으로부터 고려를 지키기 위함이었으니 지극정성을 다 하였다. 덕분에 기도가 끝나기 3일 전, 법당의 탁상 위에 금와보살이 나타났다. 불사가 원만히 성취될 것이라고 확신했던 용익스님은 부처님께 감사드리며 남은 3일간 철야정진을 하였다. 그 후 팔만대장경을 책으로 묶어 통도사·해인사·송광사에 1부씩 보관하게 되었다.

이렇듯 금와보살이 모습을 보이면 통도사에 좋은 일이 생겼다. 자장암을 지켜주는 수호신인 동시에 그곳을 찾은 사람들의 소원을 들어준다는 신비한 전설이 생긴 까닭이다.

커다란 바위에 새겨진 마애아미타여래삼존상을 보고 있어도 나는 영험한 힘이 느껴진다.

그 옛날 단단한 바위에 섬세하고 아름다운 부처님의 모습을 새겨놓은 것이 한없이 신비스러운 것이다. 음각의 아주 작은 부분까지 소홀함을 찾아볼 수 없기 때문이다. 부처님을 향한 확고한 믿음이 아니고서는 흡사 고행과도 같은 조각을 할 수는 없었을 테다.

그런 의미에서 종교는 절대적인 존재를 향한 확고한 믿음인 동시에 내 마음을 바로잡고 올바른 방향으로 나갈 수 있도록 도와주는 나침반과 같다. 부처님 또는 하느님이 보호해주신다고 믿으면 두려울 것이 없으니 절망 속에서도

희망을 찾아낼 수 있지 않겠는가. 죄를 지을 때마다 부끄러움을 깨닫게 될 테니, 잘못을 줄여나갈 수도 있다. 일곱 번 넘어져도 여덟 번 일어날 수 있으니 종교는 그 존재 자체만으로도 우리의 삶을 윤택하게 만들어준다. 따라서 사찰이 자리한 성지도, 가톨릭 순교자들이 잠든 성지도 대다수가 명당이다.

보이지 않는 힘을 믿으며 매순간 자신의 삶을 성찰해왔던 사람들이 모이고 또 모여 정성을 다해 기도드렸던 땅이기 때문이다. 수많은 사람들이 잘못을 반성하고 나아가 성찰하며 인간다움을 되새긴 귀하고 귀한 땅이기 때문이다.

chapter 5

영축산을 오르며, 명예로운 삶에 대해 생각하다
부처님과 통하였다, 통도사
하루하루의 기록이 역사가 된다
정성을 다하면 뜻을 이룰 수 있다
나라를 지키고 나라를 구하다
아름답고 서정적인 동시로 조국의 광복을 기원하다
명예의 명당에서 역사와 문화의 소중함을 깨닫다

chapter 5
나라를 지키고 나라를 구하다

영축산 전역으로 흐르는 명예의 기운 덕분일까. 양산시에는 한 평생 나라발전을 위해 헌신해온 이들이 무척 많다. 독립운동가였던 이상환 선생이 대표적이다. 1897년 4월 17일 양산 동면에서 태어난 선생은 1919년 3월 1일 서울 파고다공원에서 시작된 3·1만세운동이 전국적으로 전개되자 만세시위를 계획, 1919년 3월 27일 양산장날 거사할 것을 결의하고 독립선언서 등사와 태극기 제작 등 비밀리에 거사준비를 진행하였다.

당일 아침, 선생과 뜻을 같이한 동지들은 장터가 가장 붐비는 오후 1시를 기해 독립선언서, 공약서 등을 배포하고 대형 태극기를 장터 한가운데 세운 뒤 독립만세를 선창하였다. 이에 그곳에 모인 3,000여명의 사람들이 일제히 독립만세를 불렀다. 동지들이 체포될 때 다행히 몸을 숨기는데 성공한 선생은 4월 1일 또 한 번의 거사를 도모했고 마침내 체포되어 1년6월간 옥고를 치렀다.

1898년 양산면 산막리에서 태어난 안덕원 선생 역시 1919년 3·1만세운동에서 열광적으로 독립만세를 부른 뒤 결국 옥고를 치러야 했다.
혹독한 고문 후유증으로 출감 후 얼마 지나지 않아 결국 25세의 젊은 나이에 서거하셨다. 조국의 독립을 보지 못하였으니, 얼마나 원통했을까? 허나 선생의 애국심이 결국 영축산 전역을 명당으로 만들어준 것이라 믿는다.

양산을 대표하는 독립운동가로 우산 윤현진 선생도 빼놓을 수 없다. 1892년 9월 16일 양산에서 태어난 뒤 1906년 일본 메이지대학에서 법학을 공부하고 귀국하여 대동청년당에 들어갔다. 이후 독립운동자금을 조달하기 위해 동지들과 공동소비조합을 설립했으며, 백산상회를 경영하기도 하였다. 3·1운동 때 미국인 선교사를 통해 군자금을 상하이 임시정부에 보냈고 임시정부에서 재무차장을 역임하는 등 대한의 독립을 위해 헌신하였다.

1867년 양산에서 태어난 서병희 선생은 일제강점기 이전에는 백성의 건강을 보살피는 한의였으나 1907년 한일신협약이 체결되고 고종이 양위하자 격분하여 의병들과 함께 힘을 모아 전투에 참여, 일본군과 격전하여 기세를 올렸다. 일본인 상점을 습격해 군수품을 확보하고, 무기를 노획하는 등 독립운동의 최전방에서 활동하였다.
이렇듯 우리나라에는 의병이라는 이름으로 조국의 독립을 위해 싸우다

생을 마감한 의인들이 너무나 많다. 나라가 있음에 감사하며, 그들의 숭고한 희생에 경의를 표해야 한다.

가끔은 국민 대다수가 독립을 위해 자신의 자리에서 최선을 다할 수 있었던 원동력이 무엇일까 생각해본다. 한반도 전역에 명예의 기운이 흘러 국민들의 가슴에 애국심을 심어주었는지 모른다. 또는 국민들 대다수가 나라를 사랑하기에 한반도가 명예의 명당이 되었는지도.

무엇이 먼저라 해도 상관없다. 중요한 것은 한반도에 명예의 기운이 흐르며, 국민들 대다수가 강한 애국심을 갖고 있다는 사실이다.

chapter 5

영축산을 오르며, 명예로운 삶에 대해 생각하다

부처님과 통하였다, 통도사

하루하루의 기록이 역사가 된다

정성을 다하면 뜻을 이룰 수 있다

나라를 지키고 나라를 구하다

아름답고 서정적인 동시로 조국의 광복을 기원하다

명예의 명당에서 역사와 문화의 소중함을 깨닫다

chapter 5
아름답고 서정적인 동시로 조국의 광복을 기원하다

1911년 양산시 북정동에서 태어난 이원수 선생은 양산이 자랑하는 문인이다. 15세의 어린 나이에 작가활동을 시작한 이래로 동시, 동화, 수필, 소설, 평론에 이르기까지 다양한 장르에 걸쳐 왕성한 작품 활동을 하였다. 1926년, 선생의 등단작인 동시 [고향의 봄]은 단순한 동요가 아니라 한국인의 정서가 곱게 스며들어 있다. 여기에 홍난파 선생이 곡을 붙여, 우리가 자주 부르던 동요 [고향의 봄]이 완성되었다. 경상남도 창원에 가면 어린이들에게 꿈과 용기를 심어준 이원수 선생의 문학관을 만날 수 있다.

문학관에 들어서면 상쾌한 바람이 불어오는 것만 같다. 한 평생 아이의 순수함을 간직했던 선생의 향기가 느껴지는 것이다. 그럴 때면 어린 시절 흥얼거리던 동시를 떠올리며, 다시금 순수했던 그 시절을 기억한다. 생각만 해도 입가에 미소가 머무는 어린 시절의 아름다운 추억이 떠오르는 것이다.

아동문학의 거장이자 일제강점기 [고향의 봄]을 노래했던 이원수 선생은 안타깝게도 일제 말기에 몇 편의 친일 글을 발표하였다. 선생의 삶에 있어 가장 큰 허물이라 할 수 있을 테다. 사상범으로 투옥된 뒤 모진 고초를 겪는 과정에서 그리 된 것이나, 선생은 자신의 허물을 감추려 하지 않았고 변명도 하지 않았다. 글을 통해 군부독재정권에 항거하며 통일을 염원하였다. 그 모습이 마치 지난날의 잘못을 뼈저리게 반성하고 뉘우치는 것만 같았다.

인간이란 한없이 나약한 존재라 실수를 저지를 수 있다. 그러나 실수가 반복된다면 이는 더 이상 실수가 아니라 비뚤어진 마음에서 비롯된 행동이다. 잘못을 저지르지 않으면 더 없이 좋겠으나 혹여 잘못을 저질렀다 해도 잘못을 반성하고 나아가 참회하기 위해 노력했다면 그 삶은 충분히 명예롭다 하겠다.

[고향의 봄 - 이원수]

나의 살던 고향은 꽃 피는 산골

복숭아 꽃 살구 꽃 아기 진달래

울긋불긋 꽃 대궐 차린 동네

그 속에서 놀던 때가 그립습니다

꽃 동네 새 동네 나의 옛 고향

파란 들 남쪽에서 바람이 불면

냇가에 수양버들 춤추는 동네

그 속에서 놀던 때가 그립습니다

[겨울 물오리 - 이원수]

얼음 어는 강물이

춥지도 않니?

동동동 떠다니는

물오리들아

얼음장 위에서도

맨발로 노는

아장아장 물오리

귀여운 새야

나도 이젠 찬 바람

무섭지 않다

오리들아, 이 강에서

같이 살자

[겨울나무 - 이원수]

나무야 나무야 겨울 나무야

눈 쌓인 응달에 외로이 서서

아무도 찾지 않는 추운 겨울을

바람 따라 휘파람만 불고 있느냐

평생을 살아 봐도 늘 한 자리

넓은 세상 얘기도 바람께 듣고

꽃 피던 봄 여름 생각하면서

나무는 휘파람만 불고 있구나

chapter 5

영축산을 오르며, 명예로운 삶에 대해 생각하다
부처님과 통하였다, 통도사
하루하루의 기록이 역사가 된다
정성을 다하면 뜻을 이룰 수 있다
나라를 지키고 나라를 구하다
아름답고 서정적인 동시로 조국의 광복을 기원하다
명예의 명당에서 역사와 문화의 소중함을 깨닫다

chapter 5
명예의 명당에서 역사와 문화의 소중함을 깨닫다

한국의 3보 사찰 중 하나인 통도사가 양산에 뿌리를 내린 덕분에 양산은 예로부터 민족의 얼과 혼이 깃들어 있다. 지역명을 그대로 딴 양산학춤이 대표적인 예이다. 1976년 양산지역에 전승된 무형문화재 조사보고서에 따르면 통도사의 승려들에 의해 학춤이 전승되었기 때문에 '양산사찰학춤'이라 명명하였으나, 복식이 승복이 아닌 선비의 옷차림이라 하여 1996년부터 양산학춤이라 부른다.

춤사위가 한 마리의 고고한 학과 같아 학춤이라 한다. 이와 함께 양반들이 즐겨 추던 춤이라 하여 양산양반춤도 있다. 내 비록 춤에 대해 잘 모르나, 양산양반춤을 보고 있노라면 청렴한 선비의 모습이 엿보인다. 고고하면서도 정갈하고, 담백하면서도 기품이 넘쳐흐른다. 특히 독무가 아닌 군무로 출 때는 어깨가 들썩인다.

연등바라춤은 불교 예술의 산실 그 자체라 해도 과언이 아니다. 고려시대 승려들이 제를 올릴 때 동발을 손에 들고 다라니 장엄염불을 외면서 장엄하게 추는 정통 불교 의식무이기 때문이다. 통도사에서 대대로 계승해온 춤으로서 제를 올리며 천지신명을 받들고 부국강병을 기원하였다. 승려들이 군무를 이룰 때면 우주만물이 소생하고 음과 양이 조화를 이뤄 부귀영화와 수명장수의 기운이 가득해진다. 오랫동안 이러한 기운이 가득했으니 통도사를 일컬어 명예의 기운이 감도는 명당이라 부르는 것이다.

역사와 전통을 계승하는 도시답게 양산에서는 '가야진사제례'를 바탕으로 형상화한 민속놀이 '가야진용신제'를 발전시켜나가고 있다. 가야진사는 양산시 원동면 용당리에 있는 기풍제를 지내던 사당이었다. 조선시대 태종 재위시절에 지어진 사당이며, 그 이전에는 신라가 가야(伽倻)를 정벌할 때 왕래하던 길로 사용되었다. 명당 중에 명당이라는 뜻이다.

명당에서 나라를 위해 제를 지내는 것이 못마땅했었는지, 일제의 탄압 앞에 가야진용신제의 명맥이 끊어지는 듯 하였으나, 주민들이 주축이 되어 가야진용신제 발굴 및 보존위원회를 재정비하는 것은 물론 매년 봄 음력 3월 용신제를 올리는 문화제를 진행하고 있다.

전통을 계승하고 발전시키려는 주민들의 열정이 참으로 대단하다. 역시 영축산에서 흐르는 명예의 기운이 주민 한 사람, 한 사람에게 역사와 문화의 소중함을 전하고 있는 모양이다.

chapter 6

아름다운 전설로 아픔을 치유하고 명예와 부를 전하는 천등산

건축박물관이라 불리는 봉정사

민족의 슬픔을 치유했던 시인 이육사

명당은 사람을 선택하여 들인다

영험한 힘을 가진 하회탈

chapter 6
아름다운 전설로 아픔을 치유하고 명예와 부를 전하는 천등산

봉황이 내려앉은 곳에 세워졌다고 하여 봉정사라 이름 붙여진 사찰 봉정사. 유네스코 세계유산 등재 '한국의 산지 승원' 7곳에 당당히 이름을 올린 봉정사는 경상북도 안동시 서후면 태장리와 북후면 경계에 있는 천등산에 자리 잡고 있다. 봉황이 앉았던 곳이니 그 기운이 얼마나 영험하겠는가.

예로부터 심신이 허약한 사람들이 천등산을 찾았고, 건강한 몸이 되어 돌아갔다고 전해진다.

이렇듯 명당 중에 명당으로 불리는 천등산은 그 전설 또한 신비롭다.

천등산의 옛 이름은 대망산(大望山)이었다. 신라 문무왕 재위시절, 능인대사는 부처님의 뜻을 헤아리고자 대망산 큰 바위굴에서 10여 년간 수련생활을 이어왔다. 그러던 어느 날 한 여인이 나타나 "낭군님의 지고하신 덕을 사모하여 찾아왔습니다. 낭군님과 함께 살아간다면 여한이 없을 것 같사옵니

다. 원컨대 함께하여 주옵소서"라고 하였다.

대사가 고개를 들어보니 그 여인은 너무도 아름다웠다. 능인대사를 계속해서 부르는 목소리도 감미로웠다. 허나 대사는 "이 사람은 안위를 원하는 자가 아니오. 오직 부처님의 공적을 사모할 뿐 세속의 기쁨은 바라지 않으니 내 집에서 나가주시오"라며 여인의 유혹을 뿌리쳤다. 대사의 목소리가 얼마나 컸는지 산이 울렸다고 한다.

"참으로 훌륭하십니다. 나는 옥황상제의 명으로 당신의 뜻을 시험하였습니다. 이제 그 깊은 뜻을 알게 되었으니 부디 훌륭한 인재가 되길 비옵니다."

여인은 사실 하늘에서 내려온 천녀(天女)였던 것이다. 여인은 "굴이 너무 어둡습니다. 옥황상제께서 하늘의 등불을 보내드리오니 부디 그 불빛으로 수련에 정진하십시오"라고 말한 뒤 하늘로 사라졌다. 그 뒤 대망산은 하늘에서 등을 비춰준다 하여 천등산이라 하고, 스님이 수도하던 바위굴은 천등굴이라 부르게 되었다. 하늘에서 밝은 빛을 비춰준다니, 그 이름부터 귀하고 귀하다. 천등산에 오르면 질병이 낫고 번뇌가 사려져 얼굴빛이 환하게 빛나는 까닭이다.

능인대사가 수련했다고 전해지는 천등굴 앞을 지나노라면 왠지 은은한 빛이 내 안으로 스며드는 것만 같다. 정신이 맑아지고 몸이 따뜻해지는 것이다. 왜 이곳을 치유의 명당이라 불렀는지 절로 알게 되는 것이다.

소나무가 울창한 것도 천등산의 특징이다. 은은한 소나무향이 얼마나 좋은지,

두 눈을 감고 바람을 느끼면 행복이 무엇인지 깨닫게 된다. 부귀영화를 누리지 않아도 충분히 행복할 수 있다는 사실을 알게 되는 것이다. 그 순간 거짓말처럼 근심걱정이 사라진다.

홍건적을 막기 위해서 만든 개목산성(開目山城)과 가뭄이 심할 때 기우제를 지내던 용샘을 통해서도 삶의 지혜를 배운다. 좁은 국토에 이리도 산성이 많다는 것은 선조들의 삶이 험난했다는 것을 의미한다. 외세의 잦은 침략에도 굴하지 않고 끝까지 나라를 지킨 선조들의 기개와 희생에 경의를 표한다. 동시에 크고 작은 일에 일희일비했던 내 자신이 부끄럽게 느껴진다. 선조들은 극심한 가뭄에도 세상을 원망하고 한탄하기 보다는 기우제를 지내며 때를 기다리지 않았던가. 그에 반해 나는 쉽게 절망하거나 원망하지는 않았을까? 기다리는 지혜를 잊어버리고 살고 있지는 않을까?

하늘의 빛이 닿아 어둠을 밝혔던 천등산. 그 빛이 우리의 마음으로 스며, 나아가야할 길을 가르쳐주는 듯 하다. 치유의 명당이라 불리는 천등산이 우리에게 전하는 치유란 몸과 마음의 질병을 넘어 어두컴컴한 길을 밝혀주는, 그리하여 나아갈 길을 가르쳐주어 절망을 희망으로 바꿔주는 치유인 게다.

내가 천등산을 사랑하는 까닭이다.

chapter 6

아름다운 전설로 아픔을 치유하고 명예와 부를 전하는 천등산
건축박물관이라 불리는 봉정사
민족의 슬픔을 치유했던 시인 이육사
명당은 사람을 선택하여 들인다
영험한 힘을 가진 하회탈

chapter 6
건축박물관이라 불리는 봉정사

앞서 봉정사는 봉황이 앉은 자리에 지은 사찰이라 하였다. 그렇다면 봉황은 어찌하여 천등산 중턱에 앉았을까? 명당이었으니 당연한 일이겠지만 여기에도 재미있는 전설이 전해져 내려온다. 신통력이 강했던 능인대사는 천등산에서도 가장 좋은 곳을 찾기 위해 종이로 만든 봉황을 하늘로 날렸다. 하늘로 날아오른 봉황은 명당을 찾아, 살포시 내려앉았다. 그곳이 바로 봉정사였으니, 천등산의 기운이 응집된 곳이다.

능인대사가 창건한 뒤 1363년, 1625년, 1864년 등 여러 차례의 중수가 있었다.

그 과정에서 극락전이 우리나라에서 가장 오래된 목조 건축물임이 확인되었다. 정자인 명옥대는 퇴계 이황(李滉) 선생이 강학하던 자리를 기념하기 위하여 1665년, 현종 재위시절에 건립 되었다. 정자 옆에 폭포수가

있다 하여 낙수대(落水臺)라 불렸으나 이황 선생은 폭포수가 옥구슬 소리와 같다며, 명옥대(鳴玉臺)라는 아름다운 이름을 붙여주었다.

어린 시절 이황은 숙부이자 스승인 이우의 주선으로 잠시 봉정사에서 공부하였는데 당시의 내용을 이렇게 서술하였다.

"절의 입구에는 기이한 암석이 여러 층이나 있다. 그 높이가 여러 길은 됨직하며 물이 위에서 아래로 쏟아지는데, 경내에서 가장 아름다운 곳이다. 지난 병자년 봄에 나는 종제인 수령과 이 절에 깃들어 여러 차례 이곳에서 놀았다."

노년이 되어 다시 고향으로 내려와 후학을 가르쳤는데, 그때 이곳을 명옥대라 부르게 되었다. 오나라의 시인 육사형의 시구절 "솟구쳐 나는 샘이 명옥을 씻어내리네"에서 착용해 친필로 바위에 새긴 것이다.

아울러 어린 시절 이곳에서 함께 놀았으나 먼저 세상을 떠난 벗을 그리워하며 시를 남겼다.

[퇴계 이황]

이곳에서 노닌 지 오십년

아름다운 얼굴 봄날에는 온갖 꽃 앞에서 취했었지

함께한 사람들 지금은 어디 있는가

푸른 바위 맑은 폭포는 예전 그대로인데

맑은 물 푸른 바위 경치는 더욱 기이한데

와서 보는 사람 없어 산골물도 숲도 슬퍼하네

훗날 호사가가 묻는다면

말해주오 퇴계 늙은이 앉아 시 읊었다고

이처럼 이황 선생이 극찬했던 폭포이니, 명옥대에 서면 아름다운 폭포를 눈으로만 감상하지 말고 작은 소리 하나하나에 귀를 기울여보자. 은쟁반에 옥구슬 굴러가는 소리가 무엇인지 알게 될 테다.

봉정사로 오르는 길은 제법 멀고 높다. 하지만 길이 잘 닦여있어 오르는 것이 힘들거나 어렵지는 않다. 길을 걷다보면 빼곡하게 들어선 소나무를 볼 수 있는데 그 모습이 참으로 묘하다. 장대높이를 자랑하지만 기둥이 구불구불하다. 평평한 대지에 뿌리를 내리고 있음에도 비탈에 선 나무들처럼 사선방향으로 자란 것이다. 그 모습을 보고 있노라면 그 옛날 능선대사를 위해 빛을 밝혀주던 하늘의 등불을 보고자, 고개를 쭉 빼고 있는 것만 같다. 그렇다는 것은 소나무들도 능선대사처럼 수련을 하고 있었는지도 모를 일이다. 천등산에 얽힌 전설이 상상력을 자극해, 동심을 일깨워주는 모양이다.

뒤이어 일주문에 도착하면 '천등산봉정사'라고 적힌 현판이 보인다. 빼곡한 숲속 한 가운데 서 있는 일주문은 오랜 세월 그 자리를 지키고 있었다는 사실을 온 몸으로 말한다. 그 모습이 웅장해보이기도 하고 한편으로는 쓸쓸해 보이기도 한다. 그러나 다시금 생각한다. 단청의 빛이 바랬다고 하여 쓸쓸할 이유가 어디 있겠는가. 사람들의 발길이 끊이지 않으니, 세월의 흔적이야말로 이 나라를 지켜온 증표 아니겠는가.

일주문을 통과하면 그 자체만으로도 마음이 가벼워진다. 왠지 극락의 세계로 들어선 것 같기 때문이다. 그렇게 나아가다보면 만세루라는 중문(中門)을 통과한다. 정면 5칸, 측면 3칸의 맞배지붕으로 측면에 바람막이판을 달았다. 덕휘루(德輝樓)라는 현판이 걸려 있어 이 누문의 이름이 '덕휘루'였음을 짐작할 수 있다.

만세루는 극락전으로 들어가는 입구이자 속세를 떠나 번뇌와 망상을 벗어버리고 부처의 세계로 들어간다는 의미가 있다. 그래서 일까. 모습 또한 무척 신비롭다. 돌계단 위에 세워져 있으며 2층에는 물속 생물의 구원과 해탈을 위해 두드리는 목어(木漁)와 네발 달린 짐승의 구원과 해탈을 비는 법고(法鼓), 날아다니는 짐승을 구원하는 운판(雲版)이 걸려 있다. 지옥에 빠진 중생의 고통을 덜어주기 위해 울리는 범종(梵鐘)은 오른쪽에 떨어져 있다.

뒤이어 극락전이 나온다. 화려하지 않아서 더 경건한 극락전은 국보 제15로 지정되었다. 정면 3칸, 측면 4칸의 단층이며 지붕이 마치 사람 인(人)자 모양을 한 맞배지붕이다. 기둥은 가운데가 볼록한 배흘림 형태를 취하며

처마를 받치는 구조가 기둥 위에만 있는 주심포(柱心包) 양식의 건축물이다. 앞면에는 문을 만들었고 양 옆에는 창을 내었다. 건물 안쪽에는 불상을 모셔놓고 화려한 닫집을 만들어 엄숙한 분위기를 자아낸다.

극락전은 원래 대장전이라 불렸으며 1972년 보수 공사 중 고려 공민왕 재위시절인 1363년에 지붕을 크게 수리하였다고 기록된 상량문을 발견하였다.

'신라 문무왕 때 능인대덕이 창건하고 고려 이후 원감, 안충, 보조, 신경, 밀암 등 여섯 스님이 무려 여섯 차례 중수하였으나 지붕이 새고 초석이 허물어져 지정 23년에 용수사의 축담 스님이 와성 중수한 것을 지금에 와서 다시 지붕이 허술하여 수리한다.'

이러한 역사적 사료를 토대로 극락전은 13세기 무렵에 건립된 것으로 추측한다.

봉정사의 대웅전은 정면 3칸, 측면 3칸으로서 다포계의 단층 팔작지붕의 건물이다. 자연석 기단 위에 서남향으로 있으며 전체적으로 조선 후기의 건축양식을 띠고 있다.

특히 대웅전의 처마는 넋을 잃을 정도로 아름답다. 화려하면서도 검소하고, 섬세하면서도 대담하다.

보물인 화엄강당과 고금당은 조선 중기 건축양식이다. 승려들이 교학을 공부하는 화엄강당은 온돌방 구조이고, 승려가 기거했던 고금당은 다양한 건축기법을 사용하였다.

극락전 서편 작은 언덕 위에는 삼성각이 있다. 산신과 칠성, 독성을 봉안하고 있는 곳이다.

산신이란 말 그대로 산을 지키는 수호신이다. 칠성은 북두칠성을 뜻하며 독성은 나반존자를 말한다. 나반존자란 홀로 이치를 깨닫고 성인이 된 인물로서 중생에게 복을 전한다.

그러므로 삼성각은 불교와 토착신앙이 만나 만들어진 독특한 문화이다.

chapter 6

아름다운 전설로 아픔을 치유하고 명예와 부를 전하는 천등산

건축박물관이라 불리는 봉정사

민족의 슬픔을 치유했던 시인 이육사

명당은 사람을 선택하여 들인다

영험한 힘을 가진 하회탈

chapter 6
민족의 슬픔을 치유했던 시인 이육사

시인 이육사는 강렬한 저항 의지를 아름다운 시구절로 승화시켰다. 꺼지지 않는 민족정신을 장엄하게 노래하였으니, 시인의 시를 읊조리면 코끝이 시큰하고 눈시울이 붉어진다. 경북 안동에서 출생한 시인에게 천등산의 기운이 흐르고 흐른 모양이다. 시를 통해 나라를 빼앗긴 백성들의 슬픔을 치유해주었으니까. 한 세기가 지났어도 여전히 우리는 시인의 시를 감상하며 꺼지지 않는 민족정신을 일깨운다.

1904년도에 태어났던 시인은 1925년이 되던 해 독립운동단체 의열단에 가입하였다. 그리고 조선은행 대구지점 폭파사건에 연좌, 3년형을 받고 투옥되었다. 이때 시인의 수인(囚人) 번호가 264번이어서 호를 육사(陸史)로 택했다고 전해진다. 이육사라는 이름 뒤에 이토록 가슴 아프고 절절한 슬픔이 깃들어 있다니, 다시금 마음이 애잔해진다.

출옥 후 정의부, 군정부, 의열단 등 여러 독립운동단체에 가담하여 독립투쟁을 하는 한편 육사라는 이름으로 작품을 발표하기 시작하였다. 강렬한 저항의지를 서정적이고 목가적으로 승화한 시인은 전 생애에 걸쳐 무려 17회나 투옥되었다. 결국 조국의 광복을 보지 못하고 감옥에서 옥사하였다. 내가 가장 사랑하는 시인, 펜이 칼보다 강하다는 사실을 몸소 보여주었던 시인.

시작활동과 독립운동을 함께하며 몸과 마음을 다 받쳐 빼앗긴 나라를 되찾으려했던 시인. 그의 정신이 천등산에 남아 안동을 넘어 대한민국 전역으로 흐르고 흐르길 바란다. 서로가 서로의 상처를 치유하고 나아가 보듬어주는 우리가 될 수 있도록 말이다.

[청포도 - 이육사]

내 고장 칠월은

청포도가 익어 가는 시절

이 마을 전설이 주저리주저리 열리고

먼 데 하늘이 꿈꾸며 알알이 들어와 박혀

하늘 밑 푸른 바다가 가슴을 열고

흰 돛단배가 곱게 밀려서 오면

내가 바라는 손님은 고달픈 몸으로

청포(靑袍)를 입고 찾아온다고 했으니,

내 그를 맞아 이 포도를 따먹으면

두 손은 함뿍 적셔도 좋으련.

아이야, 우리 식탁엔 은쟁반에

하이얀 모시 수건을 마련해 두렴.

빼앗긴 조국을 되찾기 위해 평생을 바친 시인의 시가 이리도 아름다울 수 있을까?

하얀 모시 수건이 흠뻑 젖을 때까지 싱그러운 청포도를 먹으며 아이처럼 함박웃음을 짓고 있을 시인의 모습을 상상해본다. 야속하게도 그리하지 못하고 눈을 감았으니 가슴이 아프지만 필시 하늘에서 조국의 광복을 기뻐하고 있을 테다. 독립 운동가들이 염원했던 독립의 꿈이 탐스러운 포도송이처럼 알알이 박힌 덕분에 오늘의 대한민국이 있으니, 감사하고 또 감사해야 한다.

[광야 — 이육사]

까마득한 날에

하늘이 처음 열리고

어디 닭 우는 소리 들렸으랴.

모든 산맥들이

바다를 연모해 휘달릴 때도

차마 이곳을 범하던 못하였으리라.

끊임없는 광음을

부지런한 계절이 피어선 지고

큰 강물이 비로소 길을 열었다.

지금 눈 내리고

매화 향기 홀로 아득하니

내 여기 가난한 노래의 씨를 뿌려라.

다시 천고의 뒤에

백마 타고 오는 초인이 있어

이 광야에서 목 놓아 부르게 하리라.

[절정 - 이육사]

매운 계절의 채찍에 갈겨

마침내 북방으로 휩쓸려 오다.

하늘도 그만 지쳐 끝난 고원

서릿발 칼날 진 그 위에 서다.

어디다 무릎을 꿇어야 하나

한발 재겨 디딜 곳조차 없다.

> 이러매 눈 감아 생각해 볼밖에
> 겨울은 강철로 된 무지갠가 보다.

절정이란 가장 아름다운 순간이 될 수도 있으나 반대로 가장 고통스런 순간이 될 수도 있다. 기쁨의 절정이 있는가 하면 고통의 절정도 있기 때문이다.

시인의 표현처럼 일제의 탄압은 절정에 이르렀고, 조선의 모든 국민들은 고통에 시름했다.

그러나 절정에 다다르면 그것이 무엇이 됐던 결말로 이어진다. 기쁨이 사라지듯 고통도 사라진다는 뜻이다. 절정에 이르던 탄압은 광복이라는 결말로 이어지며, 결국 우리 국민들에게 무지개를 보여주었다. 서릿발 칼날 위에 서는 것을 두려워하지 않던 대가였다.

암흑의 시대, 아름다운 시로 빛을 만들어냈던 시인. 하늘의 등불이 천등산을 비추어주었다면 이육사의 시와 정신은 100여 년이 흐른 지금까지 우리 모두의 마음을 환하게 밝혀주고 있다. 덕분에 우리는 어떻게 살아야하는지, 어디를 향해야 하는지 어렴풋이 깨닫고 있다.

일제의 만행은 그 수를 헤아릴 수가 없다. 그 가운데 하나가 땅의 기운을 상쇄시키기 위해 쇠말뚝을 박아, 명당을 흉당으로 바꾸는 일이었다. 흉당이 되었을 때 그곳을 터전삼아 살아가는 사람들의 기운을 상쇄시킬 수 있다고

믿었던 것이다. 예를 들어 경북에는 안동 김씨들이 모여 살고 있었다. 그들의 수호신이 되어주었던 산이 있었으니 이른바 '닭산'이라 불렀다.

일제는 닭산의 기운을 끊어내기 위해 산 주위로 철길을 깔았다. 철길은 지네를 연상시켜, 닭의 기운을 빼앗기 때문이다. 일제가 이처럼 땅의 기운을 상쇄시키려고 노력했다는 것은 그만큼 우리나라에 명당이 많다는 사실을 알고 있었음을 의미한다.

이제는 우리가 그 기운을 배로 상승시켜, 보다 잘사는 대한민국을 만들어 나가야 할 테다.

chapter 6

아름다운 전설로 아픔을 치유하고 명예와 부를 전하는 천등산
건축박물관이라 불리는 봉정사
민족의 슬픔을 치유했던 시인 이육사
명당은 사람을 선택하여 들인다
영험한 힘을 가진 하회탈

chapter 6

명당은 사람을 선택하여 들인다

마을 전체가 국가지정문화재로 선정되었다. 대체 어떤 마을이기에 문화재로 지정하고 국가가 보호하는 것일까? 그 마을은 바로 경북 안동시 풍천면 하회리에 자리한 하회마을이다. 물이 돈다고 하여 하회(河回)라 이름 지어진 이 마을은 풍산 류씨가 600여 년간 대대로 살았다. 조선시대 유학자인 겸암 류운룡과 임진왜란 때 영의정을 지낸 서애 류성룡 형제가 대표적인 인물이다. 하회탈의 예술적 가치가 높이 평가되면서 1964년 국보로 지정되었고, 그 문화를 간직한 하회마을에 대한 관심 또한 높아졌으니, 1984년 국가지정문화재 최초로 5백만㎡에 달하는 마을 전체가 중요민속자료 122호로 지정된 것이다.

실제로 마을을 방문하면 마을 전체가 국가지정문화재로 등록된 연유를 금세 깨달을 수 있다. 곡선을 그리며 흐르는 물이 이곳을 명당이라 말하고 있으며,

선조들의 삶의 방식이 고스란히 보존되어 있기 때문이다.

마을 중심에는 수령 600여 년이 넘은 느티나무가 있고, 이를 중심으로 강을 향해 집들이 배치되어 있다. 따라서 향이 일정하지 않아, 더 다채로운 멋을 자아낸다. 땅의 기운이 길하여 남쪽으로 창을 내지 않아도 명예와 부의 기운이 상승했던 것이다.

이곳에는 원래 풍산 류씨 전에 허씨(許氏)와 안씨(安氏)가 살았다. 이를 증명하듯 하회탈의 제작자가 '허도령'이었다는 전해진다. 풍산 류씨가 이곳을 찾게 된 까닭은 기존의 집터에 가뭄과 홍수 등이 빈번히 발생했기 때문이다. 물의 흐름이 안정적인 곳을 찾아 입향을 하려 했는데 집을 지으려고 할 때마다 기둥이 넘어져 낭패를 보았다. 그러던 어느 날 꿈에 신령이 나타나, 하회마을에서 살고자 한다면 3년 동안 주위 사람들을 돕는 활만인(活萬人)이 되어야 한다고 이르렀다. 따라서 큰 고개 밖에 초막을 지은 뒤 행인에게 음식과 노자 및 짚신을 나누어주고, 참외를 심어 인근에 나누어주는 등 수많은 사람에게 활인(活人)을 하고서야 하회마을에 터전을 마련할 수 있었다.

남을 배려하고 아끼는 마음이 없으면 명당에 들어와 살 자격도 주어지지 않는다는 뜻이다.

그리하여 하회마을에 터전을 잡게 된 풍산 류씨는 명당의 기운을 받으며 대대손손 입신양면의 꿈을 이루었다.

결론적으로 말해서 명당으로서 기운이 강한 땅은 아무나 들이지 않는다. 인간이 땅을 선택하는 것처럼 보이나 땅이 인간을 선택하는 것이다. 물론 작금의 시대에서 경제적으로 풍요롭다면 원하는 땅을 얻을 수 있다. 허나 땅이 주인을 거부한다면 그 기운은 온전히 받지 못한다. 명예의 기운도, 부의 기운도, 치유의 기운도.

chapter 6

아름다운 전설로 아픔을 치유하고 명예와 부를 전하는 천등산

건축박물관이라 불리는 봉정사

민족의 슬픔을 치유했던 시인 이육사

명당은 사람을 선택하여 들인다

영험한 힘을 가진 하회탈

chapter 6

영험한 힘을 가진 하회탈

우리는 왜 하회탈을 예술적 가치가 있다고 여기며 국보로 지정한 것일까. 아쉬운 이야기지만 사실 하회탈의 가치를 먼저 알아봐주었던 이는 외국인 교수였다. 안동문화원장으로 있던 류한상 선생이 하회탈의 예술적 가치를 알리고자 맥타카드 교수에게 소개하였고, 그 뜻에 공감한 맥타카드 교수가 해외 학계에 발표함으로써 세계 제일의 가면으로 극찬을 받게 되었다. 이윽고 국내에서도 활발한 연구가 진행되어 국보로 인정받게 되었다.

우리나라에 현존하는 하회탈은 각시탈, 중탈, 양반탈, 선비탈, 초랭이탈, 이매탈, 부네탈, 백정탈, 할미탈이 있다. 총각탈과 떡다리탈, 별채탈은 분실된 상태다. 분실된 탈을 복원하고자 하였으나 저명한 조각가와 화가들이 하회탈을 면밀히 감사한 뒤 오묘한 이치와 조형적 탁월성에 놀라 두 손을 들었다는 이야기가 전해져 내려온다.

하회탈의 작가는 허도령이며 그에는 사랑하는 처녀가 있었다. 신의 계시를 받은 허도령은 사랑하는 여인에게 탈이 완성되기 전까지 절대로 찾아오지 말고 이르렀다. 허나 사모하는 마음을 가누지 못한 여인은 허도령의 집을 찾았고, 문틈으로 그를 바라보았다. 신의 계시를 어긴 죄로 부정이 타고 말았으니, 탈은 완성되었으나 허도령은 끝내 숨을 거두고 말았다.

목숨을 바쳐 만든 작품이니 세계 제일의 가면임에 틀림없지만 허도령의 허망한 죽음은 대체 어떻게 설명할 수 있을까? 아마도 목숨이 다하도록 영감을 불어넣은 과정이 자신을 태워 주위를 밝힌 초와 같았다, 해석할 수 있으리라.

하회탈 가운데 양반탈을 먼저 자세히 살펴보면 바라보는 각도에 따라 얼굴 표정이 달라진다. 위를 향하면 웃는 얼굴이지만 밑을 향하면 성낸 표정이 된다. 광대가 고개를 뒤로 젖히며 너털웃음을 지으면 가면이 활짝 웃는 표정을 짓는다는 뜻이니, 몸의 움직임까지 고려한 가면이다.

각시탈은 윙크하는 모습이 연상되도록 한쪽 눈을 가늘게 하였다. 백정탈은 험상궂고, 초랭이탈은 왠지 모르게 가벼워보인다. 이렇듯 각 명칭에 걸맞은 표정을 짓고 있는 하회탈이 오랜 풍파 속에서도 소실되지 않고 보존될 수 있었던 것은 재료의 견고함과 후손들의 지극정성 덕분이다.

대개 조상들은 바가지와 종이로 탈을 만든 뒤 놀이가 끝나면 태워버렸다. 그러나 하회탈은 오리나무를 사용하고 표면에 정성껏 옻칠을 입혀 특별한 날에만 꺼내고 볼 수 있도록 하였다. 부득이 꺼내야 할 때는 제사를 지냈으니, 하회탈의 영험한 힘을 믿고 있었던 것이다.

어쩌면 그들의 믿음처럼 땅의 기운과 하회탈의 영험한 힘이 조화를 이뤄 안동을 지켜주었는지도 모를 일이다. 진심을 다해 무언가를 믿으면, 결국 믿음이 현실이 될 테니까.

chapter 7

충만한 사랑으로 상처를 치유하는 생명의 땅, 소백산

절제미로 자연과 인간이 하나임을 일깨워주는 부석사

아픔은 진실 된 인연으로 치유한다

서로가 서로에게 귀한 인연이 되는 법

세상에서 가장 아름다운 꽃살문을 품은 성혈사

chapter 7

충만한 사랑으로 상처를 치유하는 생명의 땅, 소백산

눈처럼 하얗다는 뜻의 소백산. 이름 그대로 큰 산은 아니지만 소백산에는 치유의 기운이 흐른다. 충청북도 단양군에서 경상북도 영주시와 봉화군을 두루 걸쳐 있어 각기 다른 지역의 정기가 모인 덕분이다. 면적은 비교적 좁은 편에 속하지만 주봉인 비로봉의 높이는 1,440m이다. 외형을 넓히기 보다는 하늘 가까이 다가가고 싶었던 모양이다. 그 모습이 나에게는 굳은 절개를 가졌지만 한없이 겸손한 선비의 모습처럼 보인다.

하늘 높이 솟았지만 하늘의 뜻을 거스르고자 하는 오만함이 없어 보이는 게다.

소백산을 보며 이리 생각한 것은 나 혼자만이 아니다. 조선 중종 때의 천문지리학자인 남사고는 소백산을 가리켜 "허리 위로는 돌이 없고, 멀리서 보면 웅대하면서도 살기가 없으며, 떠가는 구름과 같고 흐르는 물과 같아서 아무런 걸림이 없는 자유로운 형상이라서 많은 사람을 살릴 산"이라 하였다. 이렇듯 하늘 높이 솟아 있지만 살기가 없으니, 오만함이 아닌 친근함이 느껴진다. 사람을 살릴 산이라 했으니, 이는 치유의 기운을 일컫는다. 예로부터 선조들은 소백산이 가지고 있는 치유의 능력을 믿고 있었던 것이다. 다만 동남쪽으로는 경사가 급하여 매우 위험하다. 소백산이 치유의 능력을 가지고 있는 한편 경고의 힘도 있음을 의미한다.

교만하여 순리를 거스르려 한다면 위험이 따른다 말하고 있기 때문이다. 생각해보면 이것이야말로 진정한 치유의 힘이다. 진정한 치유란 몸과 마음이 병들기 전에 앞서 질병을 다스리는 것이다.

죽은 사람도 살렸다는 명의 편작의 일화에도 이와 비슷한 이야기가 나온다. 편작에게는 위로 두 명의 형들이 있었다. 위나라의 왕이 편작에게 3형제 중 누가 가장 뛰어나는지 물었다. 편작이 말하길 "큰 형님이 가장 뛰어나고, 그 다음은 둘째 형님이며, 제가 가장 아래입니다"라 답하였다.

편작이 가장 유명하다는 사실을 알고 있던 왕이 재차 묻자 편작이 다시 답하였다.

"큰 형님은 환자가 아픔을 느끼기 전에 얼굴빛을 보고 장차 병이 있을 것을 압니다. 병이 나기도 전에 병이 날것을 알고 병의 원인을 제거해 줍니다. 환자는 아파 보기도 전에 치료를 받게 되는 것입니다. 그러나 환자는 큰 형님이 고통을 미리 제거해 주었다는 사실을 모릅니다. 그래서 큰 형님이 명의로 알려지지 않은 것입니다. 둘째 형님은 환자의 병세가 미미할 때 그의 병을 알고 치료해 줍니다. 그러므로 환자는 둘째 형님이 자신의 큰 병을 미리 낫게 해주었다는 것을 잘 모릅니다. 제 경우는 환자의 병이 커지고 고통으로 신음을 할 때에야 비로소 병을 알아냅니다. 그의 병이 심하기 때문에 맥을 짚어보고, 진기한 약을 먹이고, 살을 도려내는 수술을 했습니다. 사람들은 저의 이런 행위를 보고 나서야 자신의 병을 고쳐 주었다는 것을 알게 됩니다.

이것이 바로 제가 명의로 소문이 난 이유입니다."

소백산을 걷다보면 편작의 이야기가 절로 생각난다. 소백산이 편작의 큰형처럼 병이 나기도 전에 치유의 기운을 불어넣어주고 있음을 느끼기 때문이다. 그래서 소백산에 오르면 근심걱정과 번뇌가 사라진다. 그동안 날 힘들게 했던 모든 일들이 한낱 욕심에서 비롯되었음을 깨닫게 된다. 더 큰 욕심을 경계할 수 있으니 마음의 병이 절로 치유되는 것이다.

이러한 이유로 명당이라 불리게 된 소백산 신라시대부터 그 진가를 발휘하였다. 고구려의 공개토대왕도 소백산의 죽령(竹嶺)을 넘지 못하였다고 전해지기 때문이다. 소백산이 신라를 지켜주고 있었던 것이다. 번번이 외세의 침입을 막아냈으니, 외세의 침입은 더욱 빈번해졌다. 좁은 면적에도 불구하고 산성과 성벽의 흔적이 많이 남아 있는 까닭이다.

가장 높은 비로봉으로 오르기 위해서는 희방폭포를 지나야 한다. 높이 28미터로 내륙에서는 가장 큰 규모이자 절경을 자랑하는 폭포다. 폭포 바로

위에는 선덕여왕 12년에 두문스님이 창건한 희방사가 있다.

조선시대 영조 재위시절인 1751년 실학자 이중환이 현지답사를 기초로 하여 저술한 지리서 '택리지'의 기록에도 소백산의 아름다움은 잘 나와 있다.

"소백산에는 옥금동이라는 곳이 있는데, 바위와 샘의 훌륭한 경치가 수십 리에 걸쳐 있고 그 위에 있는 비로전은 신라 때 지은 옛 절이다. 마을 입구에는 퇴계 이황을 모신 서원이 있다. 대부분 태백산과 소백산의 샘과 돌은 모두 낮고 평평한 골짜기 안에 있고, 산허리 이상에는 돌이 없는 까닭에 산이 비록 웅장하여도 살기가 적은 편이다. 먼 데서 바라보면 봉우리들이 솟아나지 않아서 엉기어 있는 듯 보인다. 산은 구름이 가득, 냇물이 흐르듯 하며 하늘에 닿아 북쪽이 막혔고, 때로는 자색 구름과 흰 구름이 그 위에 떠 있기도 한다."

각 지방의 지리적 현상을 분류하고 연구한 기록물 '지지(地誌)'에도 소백산을 가리켜 "병란을 피하는 데는 태백산과 소백산이 제일 좋은 지역"이라고 하였다. 이황 선생은 소백산을 오르며 '유소백산록(遊小白山錄)'을 지었다.

"나는 젊었을 때부터 영주(榮州)와 풍기(豊基) 사이를 왕래했다. 그때 소백산은 머리만 들어도 바라볼 수 있고 발만 내딛으면 갈 수 있었다.

그러나 허둥지둥 살아오느라 오직 꿈에서나 그리워하고 마음만 달려간 것이 지금까지 40년이다. 작년 겨울에 풍기군수로 와서 백운동(白雲洞)의 주인이 됐다. 사적으로 남몰래 기쁘고 다행스럽게 여기며 숙원을 풀 수 있겠다고 여겼다. 그런데 겨울과 봄 이래로 일찍이 일 때문에 백운동에 이르렀으나, 문득 산문(山門)을 엿보지도 못하고 돌아온 것이 세 번이었다. 4월 신유일에 오랜 비가 막 개어 산빛이 목욕이라도 한 것 같았다. 이에 여러 유생들은 백운동서원에 가서 보고 이내 머물러 잤다. 다음날 드디어 산에 들어가니, 상사(上舍) 민서경(閔筮卿)과 그 아들 응기(應祺)가 따라갔다."

40년을 그리워하며 꿈에서만 달려갔다는 소백산. 이황 선생은 왜 그리도 소백산에 달려가고 싶어 했을까? 풍광이 뛰어난 것은 물론 돌에서 나온 샘물의 맛이 맑고 달았기 때문일 테다. 형세는 토산이며 포근했으니, 한 걸음 내딛을 때마다 마음이 편안해졌을 테다. 어찌 소백산에 오르고 싶지 않았겠는가.

소백산에 자리를 잡은 부석서 또한 유네스코 세계문화유산에 등재될 만큼 아름다우니, 소백산은 발길 닿는 곳마다 수려한 장관으로 몸과 마음을 정화시킨다. 온달산성 등의 명승고적도 많아, 1987년 소백산국립공원으로 지정되었다.

chapter 7

충만한 사랑으로 상처를 치유하는 생명의 땅, 소백산
절제미로 자연과 인간이 하나임을 일깨워주는 부석사
아픔은 진실 된 인연으로 치유한다
서로가 서로에게 귀한 인연이 되는 법
세상에서 가장 아름다운 꽃살문을 품은 성혈사

chapter 7
절제미로 자연과 인간이 하나임을 일깨워주는 부석사

부석사는 가을이 제격이다. 일주문으로 향하는 길에서 만나는 은행나무가 온 세상을 노랗게 물들이 황홀경을 선물한다. 그 사이로 사과나무도 있으니 탐스러운 사과가 새빨간 색을 자랑하며 주렁주렁 열려 있다. 부처님의 자비를 느끼고자 했던 이들에게 부석사는 기꺼이 삶의 터전을 내어주었던 것이다.

은행나무가 만들어낸 신비스러움처럼 부석사의 창건설화도 신비로움으로 가득하다.

'삼국유사(三國遺事)'에 수록된 바에 따르면 신라시대 문무왕 재위시절, 불교를 배우고자 당나라로 떠난 의상대사가 상선(商船)을 타고 등주(登州) 해안에 도착하였다. 그곳에서 어느 신도의 집에 잠시 머물렀는데 그 집의 딸, 선묘가 의상대사를 사모하여 결혼을 청하였다. 허나 속세를 떠나 부처님의 뜻을 따르고자 했던 의상대사는 선묘의 마음을 돌리고 나아가 감화시켜 선묘를 감화시켜 보리심(菩提心) 즉, 지혜를 발하게 하였다.

"영원히 스님의 제자가 되어 스님의 공부와 교화와 불사를 성취하는 데 도움이 되어드리겠다"고 약조한 것이다. 덕분에 의상대사는 종남산(終南山)에 있는 지엄(智儼)을 찾아가 화엄학을 공부할 수 있었다. 당나라에서 신라로 되돌아가는 길에 의상대사는 선묘의 집을 찾아 감사를 표하고 서둘러 떠났다. 갈 길이 바빴던 탓에 의상대사는 선묘가 마련한 법복(法服)과 집기(什器) 등을 받지 못하였다. 시름에 잠긴 선묘는 의상대사를 태우고 떠난 배를 향해 기물상자를 던지고 뒤이어 바다에 몸을 던져 의상이 탄 배를 보호하는 용이 되었다.

용으로 변한 선묘는 의상대사가 신라에 도착한 뒤에도 줄곧 함께하며 부석사를 세울 수 있도록 도와주었다. 가까스로 사찰을 세우기 좋은 명당자리를 찾았으나, 그곳은 이미 도둑무리가 차지하고 있었다. 이에 용이 된 선묘가 커다란 바위로 변하여 500여 명의 도둑을 물리쳐주었다. 즉, 용이 돌로 변해 절을 창건하였다고 해서 부석(浮石)사라 이름 짓게 되었다. 지금도 부석사의 무량수전(無量壽殿) 뒤에는 그때 하늘로 붕 떠서, 도둑을 물리쳤던 바위가 있다. 용 바위이자 선묘 바위인 것이다.

부석사를 창건한 이후 의상대사는 40일간 법회를 열고 화엄의 일승십지(一乘十地)에 대해 설법하였다. 의상의 존호를 부석존자(浮石尊者)라고 칭하고 의상의 화엄종을 부석종(浮石宗)이라 부르는 것은 그가 창건한

사찰이 바로 부석사이기 때문이다.

일주문으로 향하는 길에는 앞서 말했듯 은행나무가 빼곡하게 심어져 있다. 사천왕상이 있는 천왕문으로 가는 길 역시 마찬가지다. 그 사이로 붉은 단풍잎이 보여, 한 폭의 그림처럼 아름답다. 아담하고 고즈넉한 숲길을 걷다보면 천왕문으로 들어갈 수 있는 돌계단이 나온다. 돌계단을 오르면 중생들에게 윤회의 깨달음을 주기 위한 회전문이 나온다. 회전문 역시 돌계단 위에 있는데, 천천히 돌계단을 오르며 욕심과 번뇌를 내려놓으라고 이르는 것 같다. 욕심과 미움에 사로잡혀 있다면 더 이상 안으로 들어가는 것을 허락하지 않는다고 말하는 것만 같은 것이다.

회전문은 앞서 들어온 일주문과 달리 단청 대신 나무의 속살이 그대로 드러나 있다. 그 모습이 생경하면서도 고요함을 느끼게 해준다. 무색무취의 나무문을 조심스레 열고 들어가면 부석사의 범종루가 보인다. 모든 문을 일직선상 위에 만들어, 문을 열면 또 다른 문의 입구가 계속하여 보이는데 그 모습이 무척 신비롭게 느껴진다. 용으로 변한 선묘가 여전히 부석사에 머물며 부석사에 들어서는 모든 사람들을 지켜주고 있는 것만 같다.

범종루 역시 단청 대신 나무의 속살을 고스란히 드러내고 있다. 철저히 색을 배제하고 자연 그대로의 멋을 살린 까닭은 이곳이 바로 부석사라서 일 테다. 자연의 힘이 그대로 전해지는 곳이 부석사이니 말이다. 본전을 향하는 입구는 팔작지붕을 하고 반대방향으로 맞배지붕을 하고 있어, 굉장히 독특한 멋을 자아낸다.

범종루를 지나면 안양루에 이른다. 정면 3칸, 측면 2칸의 다포집이며 누각 안에는 부석사의 현판기문을 모아두었다. 안양루에 다다르면 탄성이 절로 나온다. 앞서 범종루에서 느꼈던 막연한 감동이 드디어 실체를 갖게 되는 것이다. 그동안 단청의 아름다움에 익숙했던 우리에게 부석사는 극도의 절제미를 선보이며 자연과 인간이 하나가 될 수 있음을 가르쳐주기 때문이다. 이윽고 무량수전에 다다르면 종교를 초월해 부처님께 경의를 표하며 예를 다하게 된다. 무량수전 내 봉안되어 있는 아미타불의 자비로움 안에서 번뇌가 사라지고 있음을 느끼게 되는 것이다. 의상대사가 수백 명에 달하는 도둑과 맞서면서까지 이곳을 지키려 했던 이유 또한 어렴풋이 알게 된다. 그럴 때면 나는 고개를 들어 하늘을 본다. 용으로 변한 선묘가 부석사를 지키고자 하늘 위를 훨훨 날고 있을 것만 같아서다.

chapter 7

충만한 사랑으로 상처를 치유하는 생명의 땅, 소백산
절제미로 자연과 인간이 하나임을 일깨워주는 부석사
아픔은 진실 된 인연으로 치유한다
서로가 서로에게 귀한 인연이 되는 법
세상에서 가장 아름다운 꽃살문을 품은 성혈사

chapter 7
아픔은 진실 된 인연으로 치유한다

부석사는 신비로운 창건 신화만큼이나 많은 국보를 간직한 사찰이다.

부석사 무량수전은 국보 제18호이며, 부석사 조사당은 국보 제19호이다. 소조여래좌상은 국보 제45호이며 조사당벽화는 제46호에 해당한다. 보물 제249호인 삼층석탑, 보물 제255호인 당간지주, 보물 제735호인 고려목판 그리고 경상북도 유형문화재 제127호인 원융국사비 등이 있으니 국보와 보물로 가득한 박물관이라 해도 과언이 아니다.

용으로 변한 선묘가 도적을 물리친 뒤 거대한 석룡이 되어 무량수전 밑에 묻혀 있다고 전해져 내려온다. 아미타불상 바로 밑에서 머리 부분이 시작되고, 석등 아래 꼬리 부분이 묻혀 있다고 한다. 무량수전에 계시는 부처님을 향해 마치 하늘로 날아오르는 모습으로 누워 있었다는 것이다.

실제로 사찰을 개수할 때 거대한 석룡의 일부가 발견되었을 뿐 아니라

자연적인 용의 비늘이 있었다고 한다. 어느 학예연구사의 말에 의하면 "석룡은 두 동강 난 모습으로 발견되었으며 일제강점기 때 조선의 정기를 끊기 위해 석룡의 등줄기를 두 동강 냈다"고 전해진다.

더욱 놀라운 것은 2000년대 들어 레이더 탐사기로 검사한 결과 부석사 밑에 13m의 거대한 용 모양의 돌 즉, 석룡이 있었다고 한다.

부석사가 더욱 신비롭고 영험하게 느껴지는 대목이다. 부석사에 와서 지친 심신의 위로를 받은 경험이 있다면 선묘가 실제로 존재했던 여인이었다는 생각이 절로 든다. 의상대사를 위해 바다에 몸을 던진 선묘의 이야기부터 용이 되어 창건을 도왔다는 전설까지 모두 실제로 존재했던 일처럼 여겨진다. 세상만사 마음이 빚은 대로 보이는 것이거늘, 전설을 믿으면 선묘의 가호를 받을 수 있을 것이다. 땅의 힘을 믿을 때 명당의 기운을 오롯이 받아들일 수 있는 것처럼 말이다.

무량수전 옆에는 선묘를 기리는 선묘각이 있다. 선묘낭자의 모습과 그간에 얽힌 전설들이 그림으로 표현되어 있다.

문득 의상대사를 만나, 사랑에 빠진 선묘는 행복했을까 불행했을까?

사랑하는 남자와 백년해로를 하지 못했으니 불행했을지도 모른다. 그러나 선묘의 지극한 사랑은 부처님의 사랑과 닮았으니, 부부의 연을 맺는 것보다 훨씬 더 행복했으리라 짐작한다.

영원불사의 몸이 되어 부석사를 지키고 있는 지금 이 순간에도 선묘는 필시 행복하다 말하며, 부석사를 찾는 모든 중생들에게 끝없는 사랑을 베풀고 있을 것이다. 선묘의 지극한 사랑이 소백산 전역에 흐르며 치유와 인연의 땅으로 만들어주고 있는 것이리라.

chapter 7

충만한 사랑으로 상처를 치유하는 생명의 땅, 소백산

절제미로 자연과 인간이 하나임을 일깨워주는 부석사

아픔은 진실 된 인연으로 치유한다

서로가 서로에게 귀한 인연이 되는 법

세상에서 가장 아름다운 꽃살문을 품은 성혈사

chapter 7
서로가 서로에게 귀한 인연이 되는 법

바보온달과 평강공주의 이야기를 품고 있는 단양. 그들의 사랑이야기를 통해 우리는 남녀의 인연이 얼마나 중요한지 깨닫고, 인간에게 불가능은 없다는 사실을 알게 된다.

온달이 평강을 만나지 않았다면 영원히 바보로 살았을 테니 말이다. 이렇듯 자신을 믿어주는 사람이 있으면 바보도 나라를 구하는 장수가 될 수 있다. 물론 온달이 설화 속 주인공처럼 바보였을 리는 없다. 활쏘기와 말타기에 능했던 그가 바보라 불렸던 것은 초라한 형색과 곤궁한 처지 때문이었다.

삼국사기의 '온달열전'에 따르면 "온달은 고구려 평강왕 때 사람이다. 겉모습은 꾀죄죄하여 우스웠으나 속마음은 순박했다. 집이 무척 가난해 항상 먹을 것을 빌어 어미를 봉양했다. 찢어진 옷과 해진 신발로 거리를 왕래하니, 사람들이 그를 가리켜 바보 온달이라 했다"고 나온다. 진짜 바보가 아니라

효심이 지극하고 성을 내지 않아 바보라 불렸다는 뜻이다.

온달이 실존 인물이라면 고구려의 왕은 왜 곤궁한 처지의 온달을 사위로 맞이했을까?

역사적 사료에 의하면 당시 귀족들의 다툼으로 나라가 혼란스러웠으며, 평강왕은 귀족세력을 제압하는데 어려움을 겪었다고 한다. 이러한 이유로 처지는 가난하나, 귀족세력을 제압할 수 있는 누군가가 필요했던 것이다.

그렇다고 하여 바보온달과 평강공주의 사랑이 희석되는 것은 아니다.

현명했던 평강은 온달의 겉모습이 아닌 내면의 강인함과 선함을 보고, 용기를 불어넣어주며 나라를 이끌 장수로 성장시켰다. 바보에서 장군이 된 온달은 신라의 침입을 막기 위해 둘레 683m의 산성을 쌓는 등 고구려를 외세로부터 지키고자 노력하였다.

두 사람의 진실한 사랑이 고구려를 위기에서 구해주었으니, 소백산에 흐르는 치유의 힘은 사랑의 다른 이름이 아닌가 한다. 의상대사를 사모했던 선묘의 마음도 사랑이니 말이다.

몸과 마음이 지쳤을 때 소백산을 찾는 것도 도움이 될 테지만, 관계가 소원해진 사람들이 있다면 함께 소백산에 오르길 권한다. 온달산성과 부석사를 거닐다보면 서로를 이해할 수 있게 되고 나아고 소원해졌던 관계도 회복될 테니 말이다.

충만한 사랑으로 상처를 치유하는 생명의 땅, 소백산의 기운이 대한민국 전역에 흐르길 바란다. 그리하여 대립과 반복으로 일관하던 우리가 서로를 이해하고 화합의 길로 들어설 수 있길 두 손 모아 기도드린다.

chapter 7

충만한 사랑으로 상처를 치유하는 생명의 땅, 소백산
절제미로 자연과 인간이 하나임을 일깨워주는 부석사
아픔은 진실 된 인연으로 치유한다
서로가 서로에게 귀한 인연이 되는 법
세상에서 가장 아름다운 꽃살문을 품은 성혈사

chapter 7
세상에서 가장 아름다운 꽃살문을 품은 성혈사

소백산의 동쪽 자락인 영주의 순흥에 가면 의상대사가 창건한 또 하나의 천년고찰 성혈사가 있다. 부처님의 제자인 나한을 모시는 작은 법당으로서 보물 제832호이다. 매우 작아 사람들의 발길이 뜸할 것 같으나 예나 지금이나 사람들의 발길이 끊이지 않는다. 나한전이 뿜어내는 정교한 아름다움에 이끌리기 때문이다.

나한전은 정면 3칸으로 나뉘어져 있으며 각 칸에 한 쌍의 꽃살문이 있다. 사찰 가운데 가장 아름다운 꽃살문이라 해도 과언이 아니다. 먼저 가운데 꽃살문은 '연꽃이 핀 연못의 물새'라는 뜻의 연지수금이라 부른다. 오른쪽은 솟을 모란 꽃살문, 왼쪽은 솟을 꽃살문이다. 3칸 모두 정교한 무늬를 조각해놓아 자세히 들여다보면 마치 동화책을 보는 듯한 착각마저 불러일으킨다. 연잎 위에 앉아 유유자적하게 노를 젓는 동자승의 모습부터

만개한 연꽃과 물고기, 두루미와 소라, 게, 승천하는 용 등이 책장을 넘기듯 계속해서 펼쳐지기 때문이다. 용은 반야용선이라 하여 죽은 자를 극락정토로 인도한다고 전해져 내려온다.

대체 의상대사는 나한전의 창살 무늬를 이와 같이 정교하게 수놓은 이유가 무엇일까? 더욱이 바다 속 풍경처럼 말이다. 우주의 질서와 대자연의 조화로움을 담은 화엄 만다라적 표현이라 말하지만 나는 그것이 전부는 아니라 생각한다. 바다에 몸을 던진 선묘가 보았던 광경들을 표현해놓은 것일지도 모르기 때문이다. 나아가 선묘가 극락정토하길 바라는 마음에 용을 새겨놓았는지도 모를 일이다. 연잎에 앉아 노를 저으며 깨달음을 향해 나가는 동자승은 어쩌면 의상대사 본인일지도 모른다. 정교하고 아름다우면서도 아기자기한 꽃살문이 내게 풍부한 상상력을 만들어주는 모양이다.

오른쪽 칸의 솟을 모란 꽃살문은 부귀영화를 의미한다. 모란이 곧 부귀영화를 상징하기 때문이다. 이는 성혈사를 찾은 모든 이들의 바람을 들어주기 위해 정성껏 새겨놓았을 테다.

나한전 내에 봉안되어 있는 불상은 석조비로자나불좌상으로서 경상북도 유형문화재 제402호로 지정되었다. 하얀 법신에 검은 머리를 하고 있어 오래도록 기억에서 사라지지 않는다. 표정은 살짝 미소를 머금은 듯 하지만 그 뒤에 날카로움이 숨겨져 있다. 푸근한 미소 덕에 마음이 편안해지는 한편 바르게 살고 있는지 자기 자신을 점검하게 만든다.

석보비로자나불좌상 양 옆으로 16나한상이 있다. 부처님의 제자로 최고의 깨달음을 이룬 성자들이다. 붉은색, 파란색, 연두색, 주황색 등으로 물들인 법의를 입고 있는데 이는 근래 들어 만든 작품이다. 신라시대의 흔적을 고스란히 간직하고 있는 성혈사에 근래 제작한 조각품이 있다는 뜻이지만 전혀 어색하지 않다. 오래전부터 함께 있었던 것처럼 친근하고 익숙해 보인다. 이 또한 서로가 서로에게 스미고 동화되어 하나가 되어가고 있기 때문이라 믿는다. 소백산에 흐르는 치유의 기운은 진정 사랑인 것이다.

들어가는 말

우국이세문화원 이사장 월명 스님은 그동안 우리나라 대한민국이 나갈 방향을 틈틈이 제시했다.

우국이세라는 키워드로 방송, 유튜브, 신문 등 미디어를 통해 나라를 돕고 세상을 이롭게 할 방법론을 설파했다.

우리가 원하는, 보다 나은 세상을 열기 제주 기행의 첫 번째 저서로 제주의 혼을 펴낸 바 있다. 앞으로 스님은 제주의 맛, 제주의 멋, 제주의 소리 등 제주 기행의 후속 저서를 펴낼 예정이다.

스님은 제주 기행 시리즈에 이어 충남의 명산과 인물 기행에 나섰다. 졸저 광덕산, 국운(國運)을 품다는 충남의 희망찬 미래를 열기 위한 스님이 나름 궁리해 온 지혜와 담론이 담겼다.

충남의 미래도, 대한민국과 한민족의 미래도 결국 사람이 만든다고 사료된다. 지금 우리 눈에 보이는 세상만이 진실도, 이상도 아닐 것이라는 추정은 역사 이래로 충남의 인물론을 통해 확인할 수 있을 것이다.
광덕산처럼 큰 덕을 지닌, 이 나라와 민족을 이끌어갈 큰 인물이 충남에서 나오길 희망한다.

2022년 5월

우국이세문화원 월명

chapter 8

천안·아산의 '광덕산'의 인물기행
홍성의 명산, '용봉산'의 인물기행
예산의 명산, '가야산'의 인물기행
공주의 명산, '계룡산'의 인물기행
금산의 명산, '서대산'의 인물기행

chapter 8
천안·아산의 '광덕산'의 인물기행

'산은 물을 건너지 못하고, 물은 산을 넘지 못한다'. 산 이야기를 할 때, 흔히들 언급하는 '산경표(山經表)'의 '산자분수령(山自分水嶺)'에 닿는 한 토막의 말이다.

산경표. 조선 시대 영조 때, 여암 신경준이 편찬했다고 알려져 있다. 조선 팔도의 산맥 체계가 정리돼 있다. 백두대간과 연결된 14개의 정간·정맥을 집대성했다. 저술의 기본 원리는 '산자분수령'이다.

백두대간을 중심으로 삼고 있는 한반도 산맥의 짜임새를 18세기 실학자가 적어 둔 산경표에 따르자면, '산은 물을 넘지 않고, 물은 산을 범하지 않는다'. 그리고 '산은 물을 나누고, 스스로 물을 가르는 고개가 된다'. 그렇게 해서 '산은 스스로 분수령이 된다'.

필자는 '꿈을 향해 걸어가는 성공 지침서-끼·깡·끈·꼴·꿈'을 지난 2020년

가을에 펴낸 바 있다. 삶에 깃든 소소한 행복을 찾아가는 방법과 욕심에서 벗어날 수 있는 길을, 나름 가닥을 잡아서 책으로 엮었다.

이날 입때까지 불자로 살면서 헤아릴 수 없이 많은 사람들을 만나서 인생 얘기를 들어보고, 이런저런 저술 활동을 하면서 터득한 삶의 지혜를 종합해보자면, 산경표 저술의 기본 요소인 '산과 물'의 관계에서 '탯자리와 사람'의 관계를 헤아려 볼 수 있을 법하다.

사람은 탯자리를 범하지 않는다. 탯자리를 딛고 스스로 우뚝 선다. 그리해서 세파를 가르는 큰 인물이 돼 나라를 돕고 세상을 이롭게 한다.

충남 천안 고을에서는 이런 기준에 딱 어울리는 역사 인물을 여러 분 찾아볼 수 있다. 예로부터 '구룡희주형(九龍戲珠形)', '구룡농주형(九龍弄珠形)'이라는 명당터로 알려진 고장답게 천안엔 큰 인물이 많다.

천안의 땅 이름은 예사롭지 않다. '천안(天安)', '하늘 아래 편안한 고을'이다. 예전에도 그랬겠지만 지금도 그 땅이름엔 '한민족의 터에서 가장 편안한 땅'이라는 뜻이 담겼다.

풍수지리에 밝은 역술가들은 예로부터 천안을 살아 있는 사람이나 죽은 사람 이나 모두에게 좋은 명당터로 꼽았다. 그래서들 '생거명당(生居明堂)'이요, '사거명당(死去明堂)'으로 여겼다.

그 근거로 삼는 기운 넘치는 산맥과 굽이치는 하천이 있다. 천안의 외곽을 감싸는 산맥엔 네 마리의 용이, 천안의 도심엔 다섯 마리의 용이 꿈틀거리고 있어, 도합 아홉 마리의 용이 용틀임하는 고장이 천안이란다.

여의주를 입에 문 아홉 마리의 용이 서로 즐기고 논다는, 하늘 아래 가장 편안한 고장 천안엔 청룡과 백호가 몇 겹으로 감싼다는 여러 명산이 있다. 광덕산도 그 중 하나다.

1m가 모자라 700고지가 못된 광덕산은 천안에서 가장 높은 산이다. 아산시 송악면과 천안시 광덕면의 경계를 가르는 통에 아산시 광덕산이라 부르기도 하고, 천안시 광덕산이라 부르기도 한다.

광덕(廣德). '넓은 광(廣)', '클 덕(德)', 말그대로 '넓고 큰 덕을 품은 산'이다.

식자들은 광덕산을 이렇게 설명한다. '예로부터 산이 크고 풍후(豊厚)하여 덕 있는 산'이라 불렀다고. 여기서 '풍후(豊厚)하다'는 '얼굴에 살이 쪄서 너그러워 보이는 데가 있다'는 뜻도 있고, '아주 넉넉하도록 많다'는 뜻도 있다. 비슷한 말은 '넉넉하다', '풍부하다', '풍족하다' 등이다.

광덕사, 잣나무 군락지, 장군바위, 강당사 등을 품고 있는 광덕산은 천안의 명물 호두과자의 시원(始原)도 간직하고 있다. 고려 말인 1320년경, 사신 유청신이 호두를 처음 이 땅에 들여왔다는데, 광덕산에서 처음으로 시험재배를 했다고 전해 온다.

광덕산 남쪽 기슭의 광덕사. 마곡사의 말사다. 마곡사 산 넘어 남쪽에 자리한 광덕사는 7세기인 652년 신라 진덕여왕 때 도량의 첫 문을 열었다. 조선시대 세조가 거동한 뒤 크게 번창해 경기도와 충청도 일대는 물론이고 조선

팔도에서 손꼽는 대찰이었다. 기록에 따르면, 광덕사가 번창했던 시절에 거느렸던 암자는 89암자였단다.

광덕사 절 어귀엔 '호두전래사적비'가 세워져 있다. 유청신이 원나라에서 호두 묘목을 가져와 심었다는 사실을 오늘에 전한다.

호두나무 시배지 광덕산의 광덕사 경내엔 수백 년의 수령을 자랑하는 거목이 서 있다. 천년 사찰 광덕사 보화루 앞 호두나무는 그 나이가 자그마치 700세에 이른다며, 광덕사에 들러 나이를 많이 잡수신 나무들을 보거든 무조건 절을 올려야 된다고 조언하는 이도 있다.

물에 사는 물고기는 물의 기운으로 한 세상을 산다. 땅에 사는 사람이 한세상을 살아가자면 땅의 기운, 좀 더 좁혀서 말을 해보자면, 탯자리, 곧 고향의 기운을 어찌 무시할 수 있으랴.

우리네 역사상 호두를 처음 심어 가꾸었다는 광덕산은 큰 덕도 품고 있지만, 국운이 기울 때 울음을 우는 산으로도 유명하다.

불경에 나오는 상상의 꽃 우담바라는 3천 년만에 한 번 꽃망울을 터트려 신령스러운 꽃으로 여긴다. 부처님이 세상에 태어날 때 꽃이 피고, 이상적인 제왕이 세상에 출현할 때 그 자태를 드러내 그 꽃이 피면 상서로운 일이 일어난다고 여긴다.

나라에 큰 일이 벌어지면 눈물을 흘리는 바위도 있고, 서글퍼 우는 종이 있다는 소리야 들어들 보았겠지만 산이 운다는 소리를 들어 본 사람은 그리

많지 않으리라. 나라에 난리가 나거나 불길한 큰일이 있으면 운다는 산이 있다. 다름 아닌 광덕산이다.

천안에 전해오는 전설에 따르면, 광덕산은 국운이 기울면 울었다. 그런 전설 때문인지 천안엔 백척간두에 선 나라를 구하려 투신한 역사 인물이 적지 않다.

김시민(金時敏). 조선 중기의 무신으로 임진왜란 때 진주성 전투에서 3,800명의 병력으로 2만여 왜적을 격퇴하고 전사했다.

장군의 출생지는 목천이다. 현 천안시 병천면이다. 병천면 가전리에서 태어난 장군은 무과에 대한 차별이 심하던 시절, 가족의 반대를 물리치고 25세에 무과에 급제했다.

선조 25년인 1592년 임진왜란이 일어났다. 그해 여름, 진주 목사에 오른 장군은 가을엔 경상우도 병마절도사를 제수받았다. 이후, 진주대첩을 이끌었다. 전투 마지막 날, 진주성을 순찰하던 중 쓰러진 적군이 쏜 탄환에 이마를 맞는 부상을 당했다. 치료에 들어갔지만 끝내 일어나지 못하고 생을 마쳤다. 당시 장군의 나이는 39세였다.

장군의 사후, '충무(忠武)'라는 시호가 내려졌다. 해서 오늘도 우리는 그를 충무공 김시민 장군이라 부른다. 충무공 이순신 장군처럼 말이다.

칠삭동이로 태어나 세조를 왕으로 만들며 권력의 최정상에 올랐던 정치가 한명회, 지전설과 우주무한론 등으로 민족의 주체성을 강조하며

화이(華夷)의 경계를 허문 세계주의자 홍대용, 암행어사로 유명한 조선 후기의 문신이자 정치가 박문수 등 역사 인물도 천안 출신이다.

조선 시대가 저물고 일제 강점기가 시작된 뒤, 독립운동에 투신한 천안의 역사 인물로는 우선 이동녕 선생을 꼽을 수 있다. 선생은 대한민국임시정부 출범의 산파역이자 산증인이었다. 지금의 국회 격인 임시의정원 의장, 내무총장, 국무총리, 대통령 대리 및 주석 등을 지냈다.

선생의 출생지는 목천읍 동리. 지방 수령의 아들로 태어난 선생은 23세 때인 1892년 국가시험인 진사시험에 합격, 아버지처럼 관리의 길로 들어설 준비를 하고 있었다.

그런데, 나라의 운명이 나락으로 빠졌다. 동학농민혁명, 청일전쟁, 명성황후 시해사건, 고종의 아관파천 등 나라의 운명이 풍전등화의 위기로 내몰렸다.

선생은 1897년 독립협회 활동으로 옥고를 치렀고, 1905년 을사늑약 철회 시위를 벌이다 투옥돼 모진 고문을 당했다. 이후, 이상설 등과 북간도 용정으로 망명해서 항일 독립운동에 앞장섰다. 신흥무관학교를 세워 무장 독립운동을 펼쳤다.

일제 강점기인 1919년, 천안군 아우내 장터에서는 역사적인 만세 운동이 벌어졌다. 경성에서 3·1운동을 경험한 유관순 열사가 그 주역이었다.

열사는 3·1운동 직후 총독부가 휴교령을 내리자 3월 13일 고향으로 돌아왔다. 부모님 등에게 경성의 상황을 전하고 4월 1일 아우내장터의

장날에 맞춰 만세 운동을 전개하기로 결의했다.

지금의 천안시 병천면 아우내 장터에 모인 약 3,000여 명의 군중은 '대한 독립'이라고 쓴 큰 깃발에 태극기를 달고 "대한 독립 만세"를 외쳤다.

아우내 장터 만세 운동은 천안 시민은 물론 대한민국 국민의 가슴에 영원히 남을 영광스러운 항일운동이다. 1987년, 국민 성금을 모아 천안시 목천읍에 세운 독립기념관은 애국과 충절의 고장 천안을 자주독립의 고장으로 앞으로도 오래오래 민족의 가슴에 되새길 것이다.

아우내 장터 만세 운동을 주도하다 공주감옥에 수감되었던 유관순 열사, 서대문형무소로 이감된 뒤 옥중에서 다시 또 만세운동을 전개하다 모진 고문을 당했던 열사는 3·1운동 이듬해인 1920년 9월 28일 옥중에서 순국했다.

임진왜란 때 진주대첩 후 운명한 충무공 김시민 장군, 대한민국 임시정부의 산파역이자 산증인 이동녕 선생, 18세 꽃다운 나이에 옥중에서 순국한 유관순 열사, 이분들과 함께 기울어진 나라를 지키고, 빼앗긴 조국을 되찾는 구국의 길에 나섰던 수많은 충남인들의 울음소리는 오늘도 천안과 아산의 명산 광덕산 산자락을 타고 충남으로 널리 퍼져 대한민국 전역으로 메아리치는 것 같다.

오늘날 대한민국의 현대사를 이끄는 인재 중엔 하늘 아래 가장 편안한 고장 천안 출신도 적지 않다. 그 가운데는 천안의 명산 광덕산에 탯자리를 묻은 인물도 있다.

자주독립의 기상이 서린 천안은 죽은 사람이나 산사람에게 모두 좋은 명당터로, 여의주를 문 아홉 마리의 용이 서로 즐기고 노는 '구룡희주형', '구룡농주형' 길지로, 그간 수많은 큰 인물을 배출했다.

넓고 큰 덕을 품은 광덕산의 기운을 받아 나라를 돕고 세상을 이롭게 하는 우국이세의 큰 인물들이 앞으로도 천안에서 많이 출현하기를 희망한다.

국운이 기울어 광덕산이 다시 또 울음을 우는 그런 날을 맞고 싶지 않은 건, 천안 시민과 충남도민을 포함해 대한민국 국민 모두의 한결같은 바람 아니겠는가.

chapter 8

천안·아산의 '광덕산'의 인물기행
홍성의 명산, '용봉산'의 인물기행
예산의 명산, '가야산'의 인물기행
공주의 명산, '계룡산'의 인물기행
금산의 명산, '서대산'의 인물기행

chapter 8
홍성의 명산, '용봉산'의 인물기행

예로부터 홍성 고을은 땅은 좁지만 속 넓은 인물을 많이 배출한 고장으로 널리 알려져 있다.

"황금을 보기를 돌같이 하라".

최영 장군이 남긴 어록이다.

고려의 명장이자 충신인 장군은 홍북면 노은리 출신이다. 1359년 홍건적이 서경을 함락하자 이방실 등과 함께 이를 물리쳤다. 1361년 홍건적이 다시 또 창궐해 개경까지 점령하자 이를 격퇴했다. 이후, 제주도 목호의 난 등을 진압했다.

장군은 왜구도 물리쳤고, 요동 정벌에도 나섰다. 하지만 위화도 회군을 한 이성계의 모략으로 참수됐다. 그때 장군의 나이는 일흔 셋이었다.

홍북면 노은리는 또 다른 인물을 낳았다. 조선왕조 초기의 충신 성삼문.

사육신(死六臣)의 한 사람인 성삼문은 노은리 외가에서 태어났다. 집현전 학사 출신으로 목숨을 바쳐 신하의 의리를 지킨 사육신의 한 사람이다. 그는 수양대군이 단종을 내쫓고 왕위에 오른 이듬해 단종 복위를 계획하다 발각돼 능지처참을 당했다. 한번 옳다고 여긴 신념은 한 치의 양보도 없이 지키려 했다. 그래서 성삼문은 산봉우리의 낙락장송에 비유된다. 조선왕조 500년을 대표하는 충신으로 추앙을 받는다.

고려 말기의 고승 보우 국사, 요승이라 평가 받은 고려 말기 혁명가 신돈도 홍성 출신이다. 공민왕의 왕사 보우 국사 덕분에 홍성은 '홍주목(洪州牧)'으로 승격했다. '목(牧)'은 고려 시대와 조선 시대에 큰 고을에 두었던 행정 단위로, 당시 두 번째로 높았던 지방행정구역이다. 목의 으뜸 벼슬은 '목사(牧使)'였다. 공민왕이 보우 국사의 고향인 홍주, 즉 오늘날의 홍성을 목으로 승격한 이후, 홍성은 조선 왕조가 망할 때까지 600여 년 동안 충청도의 중심지였다.

일제강점기, 홍주군과 결성군이 통합돼 '홍성군'이란 지명을 갖게 되었다. 겹겹으로 역사의 숨결을 품은 홍주읍성은 일제강점기를 거치면서 많이 파괴됐다. 아직도 남아 있는 800m가량의 성벽은 홍성의 옛 영화와 시련을 오늘에 전한다.

이 홍주읍성엔 노거수 두 그루가 서 있다. 홍성군청 마당에 서 있는 느티나무 한 쌍의 수령은 자그마치 700살. 공민왕 때 홍주목으로 승격되면서 심었

는지 확인할 길 없지만 오늘날까지 이어진 홍성 고을의 드높은 명성을 상징한다.

이 느티나무는 홍성 고을에 궂은 일이 생길 조짐이 있으면 밤새 울었단다. 그 울음소리를 듣고 홍성 고을 사람들은 난리에 대비했단다.

홍주읍성. 홍성읍 오관리에 있는 조선 시대의 성곽인 이 읍성은 사적 제231호다. 을사조약 체결에 반대해 의병 민종식 등이 이 읍성에서 봉기를 일으켜 일본군을 퇴각시켰다.

원래 홍성은 유림 세력의 뿌리가 깊은 고을이었다. 그래서 근세 들어서 외침을 받게 되면 의병들이 떨치고 일어났다. 의병 봉기로 적잖은 홍성 고을 사람들이 의롭게 산화했다.

1973년 지방문화제 4호로 지정된 '구백의총'. 을사늑약 이듬해인 1906년 5월에 봉기한 의병들의 유해를 모신 무덤이다. 홍주읍성에서 일본군과 관군에 희생당한 의병들의 주검은 총독부가 파묻었다. 40여 년이 지난 1949년 4월 5일, 식목일 행사를 하던 중 유해가 발견됐다. 백골의 유골은 하도 많아 몇 분의 유해인지 헤아릴 수 없어 합동 무덤을 조성해 '구백의총'으로 불렀다. 1991년 성역화 사업을 추진하면서 명칭을 현재의 '홍주의사총'으로 바꾸었다. 국가지정문화재 사적 제431호로 지정돼 있다.

수백 명의 항일의병이 잠드신 곳, 홍주의사총을 둘러보자면, 홍성에서 태어나 독립운동과 항일투쟁에 앞장섰던 두 분의 역사 인물을 떠올리기 마련이다. 한 분은 김좌진 장군, 또 한 분은 만해 한용운이다.

백야 김좌진 장군은 1889년 갈산면 상촌리에서 태어났다. 장군의 친척 중엔 개화당 김옥균과 의병 대장 김복한이 있다.

근대적 개혁 운동인 갑신정변을 주도한 김옥균은 1851년 공주 정안면의 유복한 집안에서 태어났다. 여섯 살 때인 1856년 서울 북촌에 살던 오촌 숙부 김병기의 양자로 들어가 청년 엘리트로 성장했다. 근대국가를 꿈꿨던 갑신정변은 실패해 삼일천하로 끝났다.

조선 후기에 승정원 승지, 형조참의 등을 역임한 문신이자 의병장인 김복한은 홍성 출신이다. 을사조약의 부당함과 조약 무효를 주장하는 '을사상소'를 올려 일본 경찰에 고초를 겪었다. 하지만 이에 굴하지 않고 1906년 2차 홍주읍성 의병 봉기 때 중심 역할을 했다.

거유(巨儒) 김복한은 일제 침략이 노골화되자 낙향했다. 을미사변무렵에 의병을 모았고, 그의 항일운동엔 충남의 유생은 물론 관군도 동참했다.

김복한의 문하에서는 수많은 지사들이 배출됐다. 청산리전투를 승리로 이끈 김좌진 장군도 김복한의 지조와 절개를 배웠고, 김복한의 뒤를 이어 항일운동에 나섰다. 김복한은 장군의 친척이다. 그러니 항일무장투쟁의 영웅인 장군의 항일정신엔 김복한의 의병정신이 깃들어 있는 건 당연한 일 아니겠는가.

홍성의 또 다른 역사 인물인 만해 한용운은 1879년 결성면 성곡리에서

태어났다. 여섯 살 때부터 서당에서 한문 교육을 받았다는 만해는 어려서 소문난 천재였다.

10대 소년기의 만해는 동학혁명을, 20대 청년기엔 을사늑약을, 30대 초반엔 일제강점을 경험했다. 아버지와 형은 동학혁명에 참가해 사망했다.

만해는 설악산 오세암에서 4년 동안 불경과 근대 서양의 사상을 공부했다. 백담사에서 법명을 용운, 법호를 만해라 했다.

그 뒤, 시베리아, 일본 등지에서 방랑했고, '조선 불교 유신론' 등을 발표했다. 우리 문학사에 영원히 남을 시집 '님의 침묵'을 펴냈고, 조선일보에 장편소설 '박명'을 연재했다.

불교의 개혁과 민족 독립을 위해 헌신한 만해. 민족 대표 33인의 한 사람으로서 '독립선언서'의 공약 3장을 썼다. 이 일로 서대문형무소에서 3년간 옥살이를 했다. 승려이자, 시인이자, 독립운동가였던 만해는 1944년 열반했다.

옛말에 이르기를 "홍주읍성은 풍수지리상 천둥이 땅에 떨어지는 형세"라 했다. 그 때문인지 홍주읍성은 예로부터 수많은 전쟁과 난리를 치렀다. 모두 열 여섯 차례의 왜구의 침입을 당했고, 동학혁명, 항일 의병운동에다 여러 차례의 난리도 겪었다.

그런 역사 속에서 많은 인물을 배출한 홍성 고을엔 명산 용봉산이 있다. 산의 높이는 381m. 홍성의 진산이다. 홍성군 홍북면과 예산군 덕산면·삽교읍의 경계를 이룬다.

규모는 작지만 산 전체가 기묘한 바위와 봉우리로 이루어진 용봉산은 충남의 금강산으로 불린다. 충남의 소금강이라 부르기도 하고, 소설악이라 부르기도 한다. '용봉(龍鳳)'이란 산 이름은 '산세가 용의 형상에 봉황의 머리를 얹어 놓은 형국'이어서 붙여진 이름이란다.

그리 높지 않고 야트막한 용봉산에 오르는 길은 옹골찬 암릉길이다. 하지만 위험하지 않다. 아기자기해서 가파른 바위와 날카로운 능선을 오르는 산행엔 묘미도 있다.

용봉산엔 최영 장군의 활터가 있다. 용봉산 동쪽의 노은리에서 태어난 장군이 과연 이곳에서 진짜로 활쏘기 연습을 했는지는 알 수 없지만, 관련된 전설은 전해 온다.

장군은 어린 시절, 자신이 타고 다니던 애마와 시합을 했단다. 장군이 쏜 화살이 더 빨리 날아가는지, 애마가 더 빨리 달리는지, 겨루는 시합이었다. 장군은 시합에 지면 애마의 목을 치겠다고 말했다. 애마는 생사가 걸린 그런 시합을 받아들이겠다고 고개를 끄덕였다. 시합이 시작됐다. 장군은 홍성읍 방향으로 활을 쏘았다. 장군을 태운 애마는 화살이 날아가는 방향으로 내달렸다. 애마를 타고 미리 정해둔 지점에 도착한 장군은 화살을 찾아보았다. 화살이 보이지 않았다. 장군은 애마가 시합에서 졌다고 판단한 뒤, 애마의 목을 칼로 내리쳤다. 그런데 그때, 장군의 머리 위로 화살이 지나갔다. 장군은 경솔한 자신의 망동을 뉘우치며 가슴을 쳤다. 정신을 가다듬은 장군은 죽은 애마를 땅에 묻어 주었다.

훗날, 사람들은 이 전설에 근거해 장군의 애마가 묻힌 무덤을 '금마총'이라 부른다. 그러나 금마총에 진짜로 장군의 애마가 묻혀 있는지 확인할 길은 없다. 그뿐 아니라 전해오는 전설은 앞뒤가 맞지 않는 대목도 있다. 어쨌거나 용봉산 최영 장군 활터엔 장군을 기념하는 누각이 서 있다.

용봉상 정상에 서면, 충청남도 도청이 위치한 내포신도시가 눈에 들어온다. 예산의 덕숭산, 서산의 가야산, 그리고 예당평야도 내려다 보인다.

'내포(內浦)'는 충남 가야산 인근 지역을 일컫는 지명이다. 바다가 육지 안으로 쑥 들어와 있다는 뜻을 품고 있다. 홍성, 서산, 당진, 예산 등이 내포 지방에 속한다.

이중환의 '택리지'에 따르면, 내포는 땅이 기름지고 평평했다. 생선과 소금이 매우 흔했다. 그래서 부자가 많았다. 여러 대를 이어 사는 사대부 집안도 적지 않았다.

그 옛날 수산물의 집산지였던 내포는 주변에 넓은 평야까지 있어 물산도 풍부했다. 육지의 길과 바다의 길을 따라 교통이 발달해 운수업은 물론 새로운 문물과 사상이 유입돼 선진적인 문화권을 형성했다. 덕분에 내포 지방은 충남의 교통·행정·문화 중심지였다.

용봉산 정상에 서서 내포신도시, 주변의 명산과 평야 등을 한 눈으로 살펴본 다음 악귀봉에 가보자. 오르는 길이 힘들고 위험해서 "악!" 소리가 난다는

악귀봉은 흡사 수석 전시장 같다. 기암괴석들이 널렸다. 홍성 최고의 전망도 자랑한다.

용봉산 북쪽 자락엔 용봉사가 들어앉았다. 병풍바위를 뒤에 두른 용봉사는 예산의 고찰인 수덕사의 말사다. 조선 후기까지 수덕사에 견줄만한 대찰이었다.

고려 시대, 약 1,000명의 승려들이 머물렀다는 백제의 고찰 용봉사는 원래 오늘의 터에 있지 않았다. 조금 더 높은 곳에 있었다. 그런데 정치적 권세를 가졌던 어느 문중에서 조상 묘를 쓴다고 절을 폐사시켰다. 조선 시대의 얘기다. 이런 사연 때문에 용봉사의 절터는 지금의 자리로 옮겨졌다.

홍성의 명산 용봉산. 최영 장군의 기개와 사육신 성삼문의 충절, 김좌진 장군과 만해 한용의 항일 독립정신, 그리고 '홍주의사총'의 의병 정신을 품고 있다.

'용봉산 아래에 400년 도읍지가 들어선다'는 비결도 전해 온다는데, 이런 땅기운 덕분인지 용봉산 아래 내포신도시엔 충남 도청이 들어서 있다.

예로부터 홍성 고을은 땅은 좁지만 속 넓은 인물을 많이 배출한 고장이다. 용을 닮고, 봉황을 닮은 용봉산의 기운 덕분에 앞으로도 홍성 고을에서는 나라를 돕고 세상을 이롭게 할 이 나라의 인재들이 계속 나올 성싶다.

chapter 8

천안·아산의 '광덕산'의 인물기행
홍성의 명산, '용봉산'의 인물기행
예산의 명산, '가야산'의 인물기행
공주의 명산, '계룡산'의 인물기행
금산의 명산, '서대산'의 인물기행

chapter 8
예산의 명산, '가야산'의 인물기행

충남 예산군의 '예산(禮山)'이라는 지명은 언제 정해졌을까.

삼국 시대, 예산군은 오산현, 고산현 등으로 불렸다. 고려 태조 2년인 919년, 지금의 이름으로 개정됐다. '예산현(禮山縣)'이었다.

지난 2019년, 예산군은 예산지명 천백주년을 맞았다. 예산군은 과거의 역사와 뿌리를 재조명하고 현재의 정신을 계승시켜 살기 좋은 고을을 만들어 새로운 미래 천년으로 나아가고자 '예산지명 천백주년사업'을 추진하고 있다.

'예의의 고장'이어서 예산이라 불렸다는 예산군. 부모에 대한 효, 형제간의 우애, 그리고 나라에 대한 충절이 드높아 예로부터 그런 지명을 갖게 되었다는 예산의 주산은 금오산(金烏山)이다.

예당평야에 불쑥 솟아오른 금오산의 높이는 234m. 산자락 아래가 예산읍의 중심지다. 그리 높지는 않지만 산세가 수려하고 주변 경관이 아름답다.

백제 말엽, 의각 대사가 석 달 동안 기도하던 중 금빛 까마귀 한 쌍이 나는 것을 보고 따라갔더니 맑고 향기로운 샘물이 있더라는 것이다. 그래서 그 자리에 향천사를 세우고 이 산의 이름을 금오산이라 불렀다고 한다.

임진왜란 때 혜회 대사는 향천사에서 승군을 조직해 왜군과 싸웠다. 승병은 50명이었다.

예산엔 '호서의 금강산'이라 불리는 덕숭산이 있다. 기암 괴석들이 많아 절묘한 산세를 뽐내는 덕숭산은 1973년 3월 도립공원으로 지정되었다. 곳곳에 유명한 암자들이 있어 찾는 이들의 발길이 끊이지 않는다.

예산군 덕산면엔 천년고찰 수덕사가 있다. 덕숭산에 있는 이 사찰은 백제 위덕왕 때 세워졌다. 원효 대사와 만공 선사 등이 다시 세운 수덕사는 오늘날 선종(禪宗) 유일의 근본 도량이다.

수덕사 대웅전은 국내에 현존하는 목조건물 중 세 번째로 오래됐다. 봉정사 극락전과 영주 부석사 무량수전에 이어서다. 국보 제49호다.

수덕사는 계룡산 동화사와 함께 손꼽히는 비구니 도량이다. 수덕사 덕숭총림에서는 전국의 사찰에서 온 여승들이 수도한다. 예전의 수도 기간은 십 년. 초심, 발심, 자경의 3단계를 거친다. 완전한 비구니가 되기까지 엄격한 규율을 지키며 몇만 가지의 계율을 익힌다.

예산의 수암산은 용과 봉황의 형상을 닮았다. 자연 휴양림으로 조성되어 가족과 함께 조용하게 산책하거나 삼림욕을 즐기기에 적당한 산이다.

예산엔 봉수산도 있다. 아산과 공주에 걸쳐 있다. 산세가 봉황의 머리를 닮아서 봉수산이라고 부른다는데, 현재는 봉황의 머리를 닮은 산세를 찾아볼 수 없다. 봉수산은 한반도의 허리 백두대간에서 서해안 앞까지 이어진다. 봉수산 임존산성 안의 산마루에는 억새가 많아 가을 정취를 한껏 느낄 수 있다. 산 아래의 예당저수지를 내려다 보는 멋이 각별하다. 인근에는 의각 대사가 창건했다는 대련사가 있다.

봉수산 정상에 있는 임존산성은 백제 부흥운동의 마지막 격전지다. 백제가 망한 뒤, 백제군 약 3만 명은 소정방이 이끄는 7만 당나라군과 용감하게 맞섰다. 이듬해 다시 벌어진 전투에서 백제군은 참패했다. 후삼국 시대, 임존산성에서는 고려 태조 왕건과 후백제의 초대 왕 견훤이 맞붙었다.

가야산(伽倻山)은 예산군 덕산면, 서산시 운산면과 해미면에 걸쳐 있다. 예산군과 서산시의 경계를 가르는 명산 가야산은 가야산맥에 속한다. 가야산맥은 충남의 서북부를 남북으로 달리면서 내포와 태안반도의 경계를 이룬다. 동쪽 비탈에서 흘러내리는 물길은 삽교천을 통해 아산호로 배수되고, 서쪽 비탈의 물길은 천수만으로 흘러간다.

차령산맥의 줄기가 덕숭산으로 나가다 우뚝 솟아 일어난 듯한 가야산의 높이는 678m. 주봉인 가야봉을 중심으로 원효봉, 석문봉, 옥양봉 등의 봉우리가 있다. 석문봉은 가야산 봉우리 중에서 가장 바위가 많은 곳이다. 대문처럼 서 있는 바위도 있다.

도립공원에 속하는 가야산은 백제 때는 상왕산(象王山)이라 불렀다. 통일신라 시대, 산 밑에 가야사가 세워진 뒤로 가야산이라는 산이름을 갖게 되었다.

통일신라 이후, 가야사에서는 나라의 제사를 올렸다. 조선 시대까지도 그랬다는데, 덕산현감이 봄과 가을에 고을의 관원을 시켜 제를 올렸다.

가야산 기슭 예산군 덕산면 상가리는 절골이다. 예전엔 절이 많았다. 전해오는 얘기에 따르면, 100개 정도의 절이 있었다고 한다. 그 가운데 가장 큰 절은 가야사였다. 조선시대 말까지도 가야사는 존재했다. 그러나 고종의 아버지 대원군이 일부터 불을 질러 소실 되었다고 전해 온다.

옛 이야기에 따르면, 가야사의 절터는 궁중에도 알려져 있던 명당이었다. 대원군은 아들 고종이 왕위에 오르자 아버지 남연군의 무덤을 불에 타서 없어진 가야사의 절터로 옮기려 했다. 그렇지만 대원군은 남연군의 무덤을 가야사 절터로 옮기지 못하고 인근에 보덕사를 세워 그곳으로 옮겼다. 그런데 남연군의 무덤은 도굴의 위기를 맞았다. 1866년에 일어난 천주교도 대학살 사건과 관련된 서양인들이 도굴을 시도했지만 덕산군수와 묘지기, 그리고 동네 사람들의 저지로 도굴작업은 무위로 끝났다.

유교의 충효 사상이 남달라 예의의 고장으로 명성이 높은 예산에는 이름을 널리 드날렸던 인물도 많았다. 민비 시해 사건에 격분해 항일운동을 펼치다 순국한 이남규, 홍주의병에 참가하고 광복회 사건을 이끈 김한종 등이 예산인이다. 의병을 일으켜 체포돼 대마도에서 순국한 면암 최익현 선생의 무덤은 예산에 있다.

이런 인물들 중에서 예산인들의 자랑이자 대한민국의 자랑인 인물 두 분이 있다. 추사 김정희와 독립운동가 윤봉길 의사다.

예산군 신암면은 추사 김정희의 고향이다. 추사는 정조 임금 때인 1786년에 태어났다. 예조 판서인 큰아버지 김노경 밑에서 자란 추사는 대여섯 살 어린 나이에 이미 글씨로 유명했다.

추사는 글씨와 학문이 뛰어났던 대학자 박제가 문하생이 되었다. 24세 때는 동지부사로 중국 연경에 가는 아버지를 따라가 중국의 대학자들을 만난다. 이때 금석학 등을 익혔다.

추사는 송나라의 소식과 당나라 구양순의 서풍을 본받았지만 결국엔 고증학에 바탕을 둔 추사체를 완성했다.

추사는 위대한 예술가였다. 천재적 소질도 있었지만 끊임없는 노력도 있었다. 게다가 정치적 불운도 심하게 겪었다. 다산 정약용이 긴긴 유배 기간 동안 역작을 남긴 것처럼 추사 역시 유배지에서 예술의 꽃을 활짝 피웠다.

추사가 제주도에 유배된 것은 1840년, 1848년까지 9년간 귀양살이를 했다. 그 기간에 추사는 쉬지 않고 붓을 잡았다. 그림을 그리고 글씨를 쓰는 일에 매진했다. '세한도'도 이 시기에 그려졌고, '추사체'라 불리는 그의 독창적인 서체도 이때 완성되었다.

추사는 제주도에서 제자도 많이 길렀다. 제주도 사람들에게 글과 글씨만이 아니라 산술도 가르쳤다. 추사가 가르쳐 준 '구구법'은 제주도에서 일상화되었다고 전해온다.

칠십 평생 열 개의 벼루 밑을 뚫고, 1,000자루의 붓을 망가뜨릴 정도로 예술혼을 불태웠다는 추사 김정희. 그는 무기징역이나 다름없는 유배를 제주도에서 살면서 드높은 예술의 경지를 완성했다.

매헌 윤봉길 의사의 고향은 덕산면 시량리다. 1932년 4월 29일 일왕의 생일날, 행사장에 폭탄을 던져 일본 상하이파견군 대장 등을 즉사시키는 거사를 치르고 현장에서 붙잡혀 총살되었다.

의사는 10세 되던 해인 1918년 덕산보통학교에 입학했다. 다음 해에 3·1운동이 일어나자 식민지 교육을 거부하고 자퇴했다.

이후, 동생과 함께 한학을 공부했다. 1926년부터는 농민계몽·독서회운동 등 농촌운동을 펼쳤다.

의사는 서당에서 돌아오던 중 한 청년이 공동묘지에서 글을 몰라 자기 아버지 무덤을 찾지 못하고 다른 무덤에 절을 올리는 광경을 우연히 목격했다. 이때 무식, 곧 '배우지 않은 데다 보고 듣지 못하여 아는 것이 없음'이 일본 제국주의보다 더 무서운 적임을 깨닫고 야학을 설치해 농촌계몽운동을 펼쳤다. 그때 의사의 나이 19세였다.

의사는 덕산면에 부흥원을 만들었다. 농사 방식 개량 운동을 하면서 공동

구매 조합을 만들어 일본 상품 배격운동도 펼쳤다. 학예회도 열고, 촌극 공연도 하면서 농촌문화운동도 추진했다.

일제 경찰들이 독립운동이라고 탄압했지만 의사는 이에 아랑곳하지 않았다. 농민단체인 '월진회(月進會)'를 만들어 회장에 추대됐다. 이 단체를 기반으로 농촌자활운동을 폈다. 건강한 신체 위에서 농촌의 발전과 민족 독립정신이 길러질 수 있다는 신념으로 '수암체육회'도 조직했다.

1930년, 의사는 농촌운동을 동지들에게 맡기고 고향을 떠났다. 조국을 위해 목숨을 바쳐 무엇인가 큰일을 해야겠다는 신념으로, '장부(丈夫)가 집을 나가 살아 돌아오지 않겠다'는 내용의 편지를 남기고 만주로 떠났다.

이 정보를 입수한 일본 경찰이 미행했다. 평안도 선천에서 체포돼 45일간의 옥고를 치렀다. 출옥 후 만주로 망명했다.

1932년, 상하이 홍커우 공원에서 도시락 폭탄으로 거사를 일으킨 의사는 현장에서 일본군에 체포되었다. 중국의 지도자 장제스는 "중국 100만 대군도 하지 못한 일을 조선의 한 청년이 해냈다"고 격찬했다.

의사는 일본 군법회의에서 사형을 선고받았다. 일본 오사카 위수형무소에서 그해 12월 19일 총살형을 당했다. 25세의 젊은 나이에 순국했다.

2022년은 윤봉길 의사 상하이 의거 90주년이다. 지난 4월 29일, 덕산면에 있는 충의사에서는 기념 다례행사가 열렸다.

덕산면 덕산온천로에 있는 충의사는 의사가 태어나 망명길에 오르기까지

농촌계몽과 애국정신을 고취한 곳이다. 매년 4월 29일 의사의 의거와 애국충정을 기념하는 '매헌문화제'가 열린다.

"예산에 가서는 옷 잘 입은 체 말고, 홍성에 가서는 말 잘하는 체하지 말아라".

일제 강점기 예산은 충남에서 가장 활기가 있고 넉넉한 고을이었다. 알부자가 많아 이런 말이 나왔다는데, 충남의 경제권을 흔들 수 있는 지방은행이 예산에 있었다. 1913년 예산에 들어선 호서은행, 우리나라 최초의 지방은행이다. 이 은행 덕분에 예산은 충청도 금융의 중심지 역할을 했다.

호서은행이 있다보니 일제강점기 때 예산엔 전국의 거상들이 몰려들었다. 충남 서부지역과 중부지역의 잇는 다리 역할을 하던 예산엔 서해안의 큰 배도 많이 들어왔다. 해방 전후까지 예산은 수산업과 상업도 성행했다. 세월이 흘러 그 시절의 영화는 거의 사라졌다.

예로부터 예의의 고장으로 불렸던 예산에서는 여전히 많은 인물들이 배출된다. 가야산을 포함한 금오산, 덕숭산, 수암산, 봉수산 등 여러 산의 기운을 받은 인물들이 많기에 예산은 다시 또 충남에서 가장 활기차고, 가장 풍요로운 고을로 거듭날 것이라 기대한다.

chapter 8

천안·아산의 '광덕산'의 인물기행
홍성의 명산, '용봉산'의 인물기행
예산의 명산, '가야산'의 인물기행
공주의 명산, '계룡산'의 인물기행
금산의 명산, '서대산'의 인물기행

chapter 8
공주의 명산, '계룡산'의 인물기행

공주시는 백제의 서울이었다. 백제가 공주를 수도로 삼은 것은 그만큼 공주의 산세나 강물의 흐름, 그리고 농사를 지을 수 있는 토양 등이 적합했기 때문이리라.

백제의 중심 공주엔 금강이 흐른다. '비단같이 아름답다'해서 붙여진 이름 '금강(錦江)'은 반포면 마암리에 이르러 창벽을 적시는 것을 시작으로 탄천면 분강리에 이르기까지 32km의 물길로 뻗어 나간다. 금강은 창벽, 석장리구석기유적, 공산성, 고마나루 등 공주의 자연을 어루만지고 위기의 백제를 물길로 막아 고구려로부터 구해내기도 했다. 공주의 옛 지명이 된 고마나루를 적시고 흘러 공주의 명승을 두루 탄생시켰다.

전북 장수군 뜬봉샘에서 발원한 금강은 공주의 중앙부를 대체로 동쪽에서 서쪽으로 관류하면서 많은 지류와 합류한다. 양안에 비옥한 범람원을 이루어 놓았다.

공주의 동남부엔 계룡산이 우뚝 솟아 있다. 산의 높이는 845m. 우리나라 대표 명산이요, 영산이다. '닭의 볏을 쓴 용을 닮았다'해서 '계룡산(鷄龍山)'이란 산 이름을 갖게 되었다.

차령산맥의 연봉으로 충남 공주시, 논산시, 계룡시, 대전광역시 유성구 등 여러 고을에 두루 걸린 계룡산은 멀리서 보면 평범한 여느 산과 그리 다를 바가 없지만 가까이 보고, 자세히 보면 금세 신비로움과 아름다움에 푹 빠질 수밖에 없는 산이다.

조선시대, 이중환은 '택리지'에서 이 나라에서 가장 경치가 뛰어난 명산 넷을 꼽았다. 개성의 오관산, 한양의 삼각산, 문화의 구월산, 그리고 진잠의 계룡산이다. 진잠은 대전시 유성구 지역의 옛 지명이다.

조선시대의 문인 서거정은 한시로 계룡산을 이렇게 읊었다.

'계룡산 높고 높아 푸른 층층 솟았는데, 맑은 기운 굼실굼실 장백산서 달려왔네. 산에 못이 있으매 용이 살고, 산에 구름이 있음에 만물에 덕을 주네.…용은 구름을 몰고 구름은 용을 따르더라,'

새벽을 알리는 '닭(鷄)'의 산, 비바람을 몰고 오는, 불국정토로 인도하는, 나라의 임금을 뜻하는 '용(龍)'의 산, 계룡산(鷄龍山)의 산이름이다.

계룡산 용화사. 동학사, 갑사, 신원사와 더불어 계룡산의 4대 사찰에 속한다. 비구니 스님들이 수도하는 용화사는 매년 가을, 가지에 휘어지게 열리는 감을 따는 비구니들의 해맑은 모습을 볼 수 있다.

용화사 근처엔 암용추와 숫용추가 있다. 남녀 성기를 닮은 암용추와 숫용추는 계룡산의 용이 도를 닦아 승천했다는 화강암 바위에 든 물웅덩이다.

정감록(鄭鑑錄). 조선시대 이래, 민간에 널리 유포된 예언서다. 저자가 누군지, 언제 정립되었는지는 모르지만 백성들 사이에 은밀하게 전승돼 오늘에 이른다.

계룡산 남쪽 마을인 신도안. 조선 건국 초기 도읍이 정해졌던 곳이다. 태조 이성계는 조선을 세우고 이곳을 수도로 삼으려 했다. 그 당시 땅에 박아 둔 왕궁 초석 105개가 지금도 곳곳에 남아 있다.

정감록과 풍수도참설은 '난을 피하기 가장 좋은 열곳' 중 한곳으로 신도안을 꼽았다. 이 때문에 신도안엔 재난을 피하려는 팔도의 사람들이 모여들었다.

공주시 반포면엔 계룡산의 주봉인 천황봉(天凰峰)이 솟아 있다. 속리산, 지리산, 월출산 등 많은 국립공원의 주봉들도 천황봉이라는 이름을 갖고 있다. 계룡산 천황봉의 옛 이름은 상제봉(上帝峰), 상봉(上峰), 제자봉(帝字峰) 등이다.

일제는 창씨 개명 만이 아니라 '창지개명(創地改名)'도 했다. 일제는 큰 산이나 봉우리 이름에 들어가는 '왕(王)'을, '황(皇)'이나 '왕(旺)'으로 바꿨다. '황(皇)'은 일본 천황을 의미하는 것이고, '왕(旺)'은 '일본의 왕'이라는 뜻으로 해석한단다.

계룡산은 고대로부터 우리나라 성산으로 꼽혔다. 통일신라 때는 서악으로,

신라 5대 명산에 들어 해마다 국가 제사를 계룡산에서 지냈다. 조선시대엔 묘향산에 상악단을, 지리산에 하악단을, 계룡산엔 중악단을 세워 매년 봄과 가을에 나라의 제사를 올렸다.

충남의 너른 들을 니엄니엄 적시며 금강으로 흘르드는 수많은 샛강을 품은 계룡산엔 유서 깊은 사찰과 진귀한 전설을 간직한 유적도 적지 않다.

동쪽의 동학사, 서북쪽의 갑사, 서남쪽의 신원사, 동남쪽의 용화사.

신비로운 힘이 있고, 심신이 고달파 신의 힘에 기대고 싶은 사람들에게 버팀목이 되어주는 계룡산의 길은 대개 동학사에서 시작된다. 백제의 한 왕족과 상주 처녀의 사랑과 불심을 간직한 남매탑인 오뉘탑을 둘러보고 갑사로 향한다면 계룡산의 만추를 제대로 구경할 수 있다.

갑사는 '추갑사'로 불릴만큼 가을 경치가 장관이다. 반드시 가을이 아니어도 계룡산의 산행 맛을 만끽할 수 있다. 용이 노는 연못이라는 용유소 등 '갑사 구곡'은 옛 문인들도 즐겨 찾던 영혼의 쉼터였다.

조선시대, 나라의 산신제를 올렸다는 중악단이 딸린 신원사. 백제 의자왕 때, 보덕 화상이 세웠다는 신원사는 이성계가 임금이 될 것이라는 꿈 풀이로 천기를 누설한 '팥거리 할머니' 전설도 간직하고 있다.

신원사는 또, 조선의 국모 명성황후가 영험한 계룡산에 아들의 점지와 왕실의 번영을 빌었던 절이다. 계룡산은 명성황후에게 아들 순종을 점지해 주었다.

공주엔 계룡산 외에도 국사봉, 공산, 월성산, 무성산 등 여러 산이 있다. 봉황산(鳳凰山)도 공주의 명산이다.

산의 높이가 148m인 봉황산. 봉황이 알을 품고 있는 '봉조포란형(鳳鳥抱卵形)'의 형국이어서 이런 산 이름을 갖게 되었다.

봉황은 오동나무에 살면서 예천(醴川, 감천 甘泉)의 물을 마시고 대나무 열매를 먹고 산다고 한다. 더 나아가 천자 또는 왕권을 상징하기도 한다.

조선 시대, 이 봉황산 아래엔 충청도 감영이 있었다. 감영은 도성과 지방을 연결하는 창구이자 문무 실권을 쥔 관찰사가 주재한 지방행정의 중심 관청이었다. 충청도 감영은 원래 청주에 있다가 임진왜란 후 공주로 옮겨졌다.

일제는 산의 정기를 누른답시고 산 중턱에 신사를 지었다. 그 아래에 충남도청을 세웠다. 1932년 도청이 대전으로 이전하기 전까지 공주는 충청도의 중심이었다.

공주에서 지방으로 이어지는 도로에 많은 고개가 있다. 차령고개, 대티고개, 마치고개, 무내미 고개, 솔치고개, 각홀고개, 장고개 등이다.

그런 고개 가운데 한 곳인 우금치. 금학동에 있는 이 고개는 해발 100m다. 부여에서 공주 시내로 진입하는 길목에 있다. 그 옛날 공주 남쪽의 관문 역할을 했다. 이 고개엔 동학 농민군의 한이 서려 있다.

우금치의 '우금(牛禁)'은 옛날에 이 고개에 도적이 많아 해가 저문 뒤에 소를 몰고 이 고개를 넘어가다 소를 빼앗기는 일이 잦아 관가에서 해가 저문 뒤에

는 소를 몰고 가지 못하도록 금한 데서 유래되었단다. 옛날에 이 고개에서 금송아지가 나왔다고 해서 '牛金峙(우금치)'라고 쓰기도 했다고 한다. 조선 말기 동학농민혁명 때 농민군과 관군 사이에 가장 큰 전투가 벌어진 고개가 바로 이 우금치다.

농민군이 공주성을 점령하고 병력을 모아 우금치고개를 공격했다. 하지만 우세한 화력을 가진 일본군의 방어벽을 뚫지 못했다. 농민군은 치명적인 타격을 입었다. 동학군의 시체가 산을 덮었다. 농민군 10만 명이 죽었다는 주장도 있다.

그 뒤 붙잡힌 녹두장군 전봉준은 재판을 받을 때, 이런 진술을 했다.

"공주 감영은 산에 막히고 강을 끼고 있어 능히 지키기 좋은 자리였다. 그래서 이 땅을 차지하려 하였으나 일본군이 먼저 공주를 차지하여 그것을 빼앗지 않을 수 없었다.

두 번 접전하고 보니 만 명이나 되었던 군사가 삼천명 밖에 남지 않았고, 그 뒤에 다시 싸우고 보니 오백 명 밖에 되지 않았다".

우금치전투는 1894년 11월 시작되었다. 전북 삼례에서 제2차로 기포한 전봉준 등 남접과 보은에 집결한 손병희 등 북접이 협력해 충청감영 소재지이자 서울로의 북상 길목인 공주를 공격했던 것이다.

하지만 우금치전투에서 참패해 농민군은 서울로의 북상을 완전히 포기했다. 제2차 동학농민전쟁의 승패가 이 우금치고개에서 결정되었다.

녹두장군이 동학혁명을 일으킨 해는 1894년 갑오년이다. 이 해에 갑신정변의 주역 김옥균이 사망했다.

김옥균은 철종 2년인 1851년 공주에서 출생했다. 밤의 주산지인 정안면 광정리 감나무골이 그의 고향이다. 국사봉과 무성산이 이어지는 산줄기 밑이다.

김옥균은 유복한 환경에서 성장했다. 안동김씨 가문의 장남으로 태어나 여섯 살 때인 1856년 서울 북촌 화개동에 살던 오촌 숙부 김병기의 양자로 들어갔다. 김병기는 강원도 금성군수, 양양부사, 강릉부사 등을 지낸 인물로 어린 김옥균이 학업에 정진할 수 있는 환경을 만들어 주었다.

김옥균은 22세 되던 해 알성시에 장원급제했다. 그 후 사헌부 감찰, 지평, 정언, 홍문관 교리 등을 거치며 청년 엘리트로 정계에 두각을 나타냈다.

갑신정변은 고종 21년인 1884년에 김옥균을 비롯한 급진개화파가 개화사상을 바탕으로 조선의 자주독립과 근대화를 목표로 일으킨 정치상의 큰 변동이었다. 성공한 지 3일 만에 막을 내려 '3일 천하'로 끝났다. 청나라 군대의 기습으로 정변은 실패했다.

이후, 김옥균 일행은 일본으로 망명했다. 배 선창 밑에 숨어 사흘 만에 일본 나가사키에 도착했지만 망명 생활은 고단했다. 조선 정부는 그들을 죽이려 했고, 일본은 이용 가치가 없어진 이들을 섬에 강제 연금도 시켰다.

김옥균은 몰래 글씨를 써서 팔았다. 생명의 위협을 느끼는 일본 망명 생활

속에서 하루하루 살아가자면 돈이 필요했기 때문이다.

'해마다 먹을 것을 팔며/병주 땅 지나누나/내 집은 저 북두칠성 아래/칼은 남창 일각에 걸렸어라'

김옥균이 일본에 숨어 살면서 쓴 시다.

1894년, 김옥균은 청나라로 건너갔다. 청나라 이홍장과 담판을 짓기 위해서다. 그러나 조선 정부가 보낸 자객에게 암살되고 말았다. 시신은 조선으로 넘겨졌고, 양화진에서 대역죄인으로 능지처참됐다. 이듬해 반역죄가 사면됐다.

일제에 철저하게 이용당해 10년 동안 모진 망명 생활을 처절하게 겪은 김옥균. 그가 정변에 실패한 뒤, 정안면 감나무골 집은 헐렸다. 반대파들이 밤마다 감나무골에 불을 질렀다. 그 통에 마을 사람들 대부분은 고향을 떠났다.

백제의 서울이자 중심이었던 공주. 닭의 볏을 쓴 용을 닮은, 공주의 명산 계룡산은 오늘도 이 나라를 이끌 큰 인물이 백제의 땅 충남에서 나오길 손꼽아 기다리고 있는 건 아닐는지.

chapter 8

천안·아산의 '광덕산'의 인물기행
홍성의 명산, '용봉산'의 인물기행
예산의 명산, '가야산'의 인물기행
공주의 명산, '계룡산'의 인물기행
금산의 명산, '서대산'의 인물기행

chapter 8

금산의 명산, '서대산'의 인물기행

충남에는 '산(山)'자와 '천(川)'자가 들어간 지명이 많다. '금산(錦山)'도 그렇다.

전북 장수군 수분리 뜬봉샘에서 발원한 '금강(錦江)'은 충청도를 대표하는 강 이름이다. '물길이 굽이치며 흐르는 것이 비단결 같다'는 뜻이 담겼다.

'금(錦)'자는 '금산'의 지명에도 들었다. 충남에 유난히 많은 '산(山)'자가 덧붙어 '금산'이라는 고을 이름이 탄생했다.

'금강(錦江)'이라는 강 이름에 지명의 뿌리는 둔듯한 금산 고을엔 충남의 다른 지역과 달리 산이 높고 그윽하다.

"산이 극히 높아 들어갈수록 점점 그윽하고 깊다".

고려 시대의 문장가 이규보의 말이다. 이렇듯 금산은 예로부터 지극히 산이 높은 고장으로 알려져 있다.

그 이유는 다름 아니다. 높은 산들이 즐비한 강원도 등에 비해 충남은 평균 고도가 낮은데, 그런 지역에서 금산은 평균 고도가 가장 높다. 전체 면적의 71%가 임야다.

대성산, 국사봉, 성주산 등이 높이 솟아 있는 금산엔 전북 완주군과 경계를 지어주는 대둔산(大芚山)도 있다. '대둔(大芚)'이란 '인적이 드문 벽산 두메산골의 험준하고 큰 산봉우리'를 의미한단다.

전북 완주군 운주면, 충남 논산시 벌곡면, 충남 금산군 진산면에 걸쳐 있는 대둔산의 산 높이는 878m다. 겹겹의 암봉으로 이루어져 있는데, '호남의 금강산'이라고 불린다. 천여 개의 암봉이 6㎞에 걸쳐 이어져 수려한 산세를 자랑한다.

대둔산은 전북과 충남에서 각각 도립공원으로 지정한 바 있다. 1977년엔 전북이, 1980년엔 충남이 도립공원으로 지정했다.

전북과 충남의 3개 시·군에 걸쳐 있는 대둔산은 명승고적도 3개 시·군에 흩어 놓았다. 완주엔 대둔산 케이블카와 마천대를, 논산엔 수락계곡을, 금산엔 천년고찰 태고사와 대둔산의 제2봉인 낙조대를 두었다.

유서 깊은 사찰도 3개 시·군에 남아 있다. 완주 운주엔 안심사, 금산 진산엔 태고사가 있다.

"태고사를 보지 않고는 천하의 승지를 논하지 말라".

만해 한용운의 말이다.

태고사(太古寺)는 금산군 진산면 행정리에 있는 신라 시대의 사찰이다. 원효대사가 창건했다. 원효대사가 12승지의 하나로 꼽은 명당에 들어섰다. 한때는 대웅전만 72칸에 이르는 웅장한 규모를 자랑했다. 인도산 향근목으로 만든 불상이 봉안되어 있었으나, 6·25한국전쟁 때 소실되었다. 우암 송시열이 이곳에서 도를 닦으며 썼다는 석문이 절 앞 암벽에 아직도 남아있다.

대둔산을 오롯한 금산의 명산이라 주장할 수 없는 것은 충남과 전북의 3개 시·군에 걸쳐 있는 탓이다. 해서 온전한 금산의 명산을 꼽으라 한다면 서대산을 꼽기 마련이다.

금산군 추부면 서대리와 군북면 보광리의 경계에 있는 '서대산(西臺山)'. 산의 높이는 904m다.

인삼의 향기를 진하게 품고 있는 금산고원에 우뚝 선 서대산은 마치 땅속에서 솟은 것처럼 보인다. 어느 산맥에서 불거져 나온 것이 아니라 홀로 솟은 독립된 산이기 때문이다.

사실 서대산은 유명한 계룡산이나 대둔산에 가려 그 존재가 널리 알려져 있는 건 아니다. 그러나 충남에서 가장 높은 산이다. 해발 845m인 계룡산보다 높다.

서대산은 충남 금산과 충북 옥천의 경계에 있다. 금산과 옥천을 가르는 울타리 같은 산이다.

분지에서 몸을 일으켜 훌쩍 솟은 원추형 서대산은 높고 우람한 바위산이다. 정상에 오르면 화강암으로 이루어진 암반이 장관을 이룬다. 병풍처럼 늘어선 암릉은 산세가 힘차고 빼어나다. 예로부터 '중부의 금강산'으로 불렸다. 정상을 중심으로 늘어선 암봉들이 산수화를 연상시켜 '동방의 태산'으로 칭송을 받았단다.

정상 바로 아래의 탄금대엔 옥녀가 거문고를 뜯었다는 전설이 서려 있다. 탄금대엔 샘이 있는데, 이 샘물을 7번 이상 마시면 아름다운 미녀로 변해 시집가는 길이 열린다고 한다.

'서대(西臺)'란 '서쪽엔 솟은 누대(樓臺)'를 뜻한다. 불가에서는 서쪽을 의미롭게 여긴다. '달마가 서쪽에서 온 까닭이 무엇인가?'는 선종에서 많이 등장하는 화두다. 불법의 요지가 무엇인지를 묻는 것이다. 서방(西方)은 '무량수여래(無量壽如來)'와 관련이 있다.

이렇게 따져보자면 금산 서대산은 손꼽히는 불국정토다. 서쪽 산기슭에 있는 '서대사(西臺寺)'에서 '서대산'이라는 산 이름이 나왔다고 전해 온다.

우리나라 여러 사찰엔 '화엄경'이 보관돼 있다. 이 화엄경 출간지중엔 서대사도 있다. 해서 사람들은 서대사를, 적어도 고려 시대엔 손꼽혔던 사찰이었을 것이라 추정한다.

서대산엔 용바위가 있다. 산속에 숨은 기암괴석 중 하나다. 용바위 근처엔 작은 전적비가 있다. 초라하기 짝이 없는 이 전적비는 농학농민혁명 때,

6·25한국전쟁 때 서대산에서 벌어진 아픈 역사를 기록하고 있단다.

금산의 진산은 진악산(進樂山)이다. 해발 732m의 진악산은 금산읍에 자리한 금산의 수호산이다. 우람한 모습은 위대함과 굳건함의 표상으로 금산 고을 사람들의 마음속에 깊게 자리 잡고 있다.

일찍부터 충남의 여러 명산과 어깨를 나란히 했던 진악산 기슭엔 '보석사(寶石寺)'라는 절이 있다. 마곡사의 말사다. 신라 제49대 왕인 헌강왕 11년에 창건했다는 보석사는 당시 절 앞산에서 캐낸 금으로 불상을 만들어 절 이름을 그렇게 지었다고 전해온다.

보석사는 임진왜란 때 불에 탔다. 명성황후가 중창해 원당으로 삼았다. 일제강점기엔 전북 일원의 33개 말사를 거느렸다.

절이 번창했을 적, 신도는 3,000명, 승려는 500명이었다는 보석사, 절 입구엔 천연기념물인 은행나무가 서있다. 이 은행나무는 나라에 큰일이 있을 때마다 울음소리를 낸다는 영험함으로 유명하다.

임진왜란 때, 금산벌에서는 큰 싸움이 벌어졌다. 의병장 중봉 조헌과 함께 싸우다 순국하신 영규 대사는 보석사에서 수도했다. 그런 인연이 있어 보석사 엔 영규 대사의 영정이 모셔져 있다. 보석사 들머리엔 영규 대사의 충혼을 기리는 '의병승장비'가 세워져 있다.

진악산은 우리나라 최초 인삼재배지인 '개삼터'를 품고 있다. 정상보다 5m 높은 737봉을 지나 도구통바위까지의 바위능선을 타고가면 금산이

자랑하는 개삼터 전경이 다가온다.

금산 남이면 성곡리에 있는 개삼터엔 전설이 전해온다. 1,500여 년 전, 강씨 성을 가진 선비가 인삼 씨를 뿌리면서 인삼 재배가 시작되었다고 한다.

효성이 지극했던 강 선비는 홀어머니를 모시고 진악산 아래에 살았는데, 어느 날 어머니가 병들어 자리에 눕자 온갖 약을 구해 병구완을 했다. 하지만 병은 날로 악화되었다. 선비는 진악산 '관앙불봉(觀仰佛峰)' 동쪽 10여m에 있는 관음굴에서 모친의 쾌유를 빌며 백일기도를 올렸다. 산신령은 관앙불봉 바위벽에 뿌리를 박은 붉은 열매 세 개가 달린 풀을 알려 주었다. 산신령의 가르침대로 관앙불봉의 풀뿌리를 달여 어머니의 병을 고친 선비는 신비한 풀의 씨앗을 받아 성곡리 개안마을의 밭에 뿌렸다. 그것이 바로 우리나라 인삼의 기원이라는 것.

금산에서는 전국 인삼의 80% 이상이 거래된다. 1960년대 후반에도 금산은 전국 인삼의 약 80%를 생산했다. 그 본산은 진악산. 여름철에도 공기가 차고 서늘하다. 인삼의 재배조건이 딱 맞아떨어지는 산이다. 그래서인지 인삼의 발상지 진악산에서는 지금도 가장 질이 좋은 인삼을 길러내고 있다.

인삼의 고장 금산은 충남의 동남쪽 맨 끝에 자리한다. 1963년까지 전북의 땅이었다. 그렇지만 그 이전 수 백년 동안 충남과 더 가까웠다. 예로부터 금산고을 사람들은 멀지 않은 대전에 생활권을 두었다.

금산군이 전북에서 충남으로 행정구역을 옮기던 해인 1963년 사적 105호로 지정된 무덤이 있다. '칠백의총'이다. 임진왜란 때 왜군과 싸우다 전사한 조헌과 승장 영규 대사, 그리고 나라를 구하기 위해 봉기한 700 의병이 묻힌 무덤이다.

임진왜란이 일어난지 석달 만에 금산은 왜군 1만5,000명에게 점령됐다. 이때 조헌이 나섰고, 영규 대사와 700 의병은 왜군이 점령한 금산성을 공격했다. 사력을 다해 맞붙었으나 병사도 적고, 무기도 빈약해서 패전했다. 조헌, 영규 대사, 그리고 700 의병은 전몰했다.

이분들의 희생 덕분에 많은 피해를 입은 왜군은 호남으로 진격하지 못했다. 옥천 쪽으로 달아났다. 금산성도 내놓았다.

이후, 희생자들의 주검을 합장한 '칠백의사총'이 조성됐고, 조헌 순의비가 세워졌다. 1634년엔 '순의단'이 설치돼 제사를 올렸으나 일제는 의총을 허물어 버렸다. 8·15해방 뒤, 금산군민들이 의총을 보수했다. 순의비도 다시 세웠다.

조헌은 관료 출신의 의병장이다. 경기도 김포에서 태어났다. 1592년 임진왜란이 일어났을 때, 옥천에 내려와 있었다. 위기에 빠진 조국의 처지를 지켜만 보고 있을 수 없어 휘하의 문인들을 소집해 파죽지세로 진격하던 왜적들과 맞섰다. 청주성을 수복하는 데 성공했다. 그 여세를 몰아 1592년 8월, 금산성전투를 치렀으나 700여 의병들과 함께 전사했다.

영규 대사는 충남 공주 출신이다. 계룡산 갑사에 들어가 출가하고, 뒤에 휴정의 문하에서 법을 깨우쳐 그의 제자가 되었다. 임진왜란이 일어나자 분을 이기지 못해 3일 동안 통곡하고, 스스로 승병장이 되었다.

임진왜란이 일어난 뒤, 승병이 일어난 것은 영규 대사가 최초다. 전국 곳곳에서 승병이 일어나는 도화선을 만들었다.

금산엔 구국의 충정으로 순국한 인물들이 적지 않다. 의병 대장비를 포함해 홍범식 순절비, 고경명 순절비 등 50개가 넘는 비석들이 금산고을 여러 곳에 흩어져 있다.

홍범식은 금산군수로 재직하던 중 일제에 강점되자 망국의 슬픔을 견디지 못해 자결한 순국지사다. 1910년 8월 29일, 유서를 남기고 스스로 목숨을 끊었다. 우리 민족이 한·일합방을 원하는 것처럼 일제가 분위기를 조작하자 이에 반기를 들고 순국했다.

고경명은 조선 선조 때의 문인이자 의병장으로, 조헌이 금산성을 공격하기 전에 벌어진 전투에서 전사했다. 고경명의 고향은 광주광역시다.

사방이 산으로 둘러싸인 분지형 금산에 고개가 많다. 대전으로 가든 태봉재, 용담으로 이어지는 솔티재 등이 유명하다.

이런 고개 중엔 배티재도 있다. 배티재의 순우리말은 '이치(梨峙)'다. 대둔산을 넘어 전북 완주로 통하는 교통의 요지이고, 전략적 요충지다.

임진왜란 때, 금산에서 벌어진 큰 전투는 '금산성전투'와 '이치대첩'이다.

한산대첩, 진주대첩 등에 비견되는 이치대첩은 곡창지대 호남을 지킨 압승이었다. 배티재, 곧 이치에서 대첩을 이끈 장수는 권율 장군이었다.

충남의 최고봉인 가야산을 안고 있고, 우리나라 최초의 인삼재배지 '개삼터'를 품고 있는 금산. 홀로 우뚝 선 가야산의 기개와 수호의 산 진악산의 기운 속에서 오늘도 금산에서는 많은 인물들이 배출되고 있다. 유장하게 굽이쳐 흐르는 금강을 닮아 비단결 같은 고운 심성까지 갖춘 금산의 인물들이 이 나라의 미래를 더욱 밝고 희망차게 이끌어 주길 기대해 보련다.

유네스코 세계문화유산 등재 충남 인물기행
광덕산, 국운(國運)을 품다

초판 1쇄 인쇄 2022년 05월 24일
초판 1쇄 발행 2022년 05월 27일

지은이 월명
발행인 김철홍
편집·디자인 호야
사진 도서출판 희망꽃 기획팀
사진촬영 이승엽, 박종현
교정·교열 서주원
제작/인쇄 유진보라

펴낸곳 도서출판 희망꽃
     서울시 중구 소공로1길 2번지/ 전화 02) 318-9231
     출판등록 제2014년 000135호

ISBN 979-11-87521-30-3

❖ 잘못만들어진 책은 교환해 드립니다.
❖ 이 책은 저작권법에 따라 보호받는 저작물로 무단전재와 복제를 금합니다.
❖ 이 책 내용의 전부 또는 일부를 이용하려면 반드시 저작권자의 동의를 받아야합니다.